Gespräche mit Erzengel Michael

Band 7

Kamasha Verlag

Für meine geliebte Frau Sandra
„Unsere Liebe ist der Goldstaub des Himmels"

Vorwort

Liebe Feunde,

ich bin sehr glücklich, euch „Gespräche mit Erzengel Michael, Band 7" vorzustellen.

Es ist eine ganz neue Form. Ohne Fragen geht Erzengel Michael auf die wichtigsten Themen für die kommende Zeit ein. Ich bin sehr dankbar und berührt über die vielen Weisheiten und Erkenntnisse, die wir von Erzengel Michael bekommen. Die geistige Welt ist immer mehr spürbar, und kraftvoll will sie jeden Menschen im Herzen erreichen.

In der Zeit zwischen August 2007 als Band 6 erschienen ist und November 2009 ist so viel auf der Erde und in unserem Leben passiert, alles ist in Veränderung, alles. Erzengel Michael sagte schon in Band 1: „Alles, was nicht in Liebe ist, wird zusammenbrechen." Diese Ereignisse sind jetzt sehr stark erkennbar. Trotzdem fordert die geistige Welt uns immer wieder auf, im Vertrauen zu bleiben, was oft nicht so ganz leicht ist für viele Menschen.

Doch ich erlebe es immer wieder, wie sehr ich geführt werde, wenn ich vertraue. Es geschehen viele große und kleine Wunder.

Dieser Band 7 soll euch inspirieren, euer Leben in Frieden und Freude zu leben, um mit Liebe die Zukunft lebendig werden zu lassen, damit die Vergangenheit keine Kraft mehr über euch hat.

Ich freue mich über einen herzlichen Kontakt mit euch...

Vielen herzlichen Dank an:

~ meinen geliebten Erzengel Michael und die göttlichen Meister und Engel

~ meinen geliebten Meister und Freund Bala Sai Baba

~ meine wundervolle Frau Sandra und unsere wundervolle Tochter Maga Delphine BalaSai

~ meine geliebten Söhne Luca Leon Lakala und Noah Sada Gopala

~ das gesamte Kamasha Team

~ alle Menschen, die ihr Herz öffnen für die ganze Schöpfung

Mit Liebe und Segen

♡ Natara ♡

Worte von Erzengel Michael

„Klarheit und Liebe ist der Weg der Vollendung"

Meine geliebten Kinder des Lichts,

wie wundervoll, dass ihr euch immer mehr mit der Kraft der Liebe verbindet. In dieser Zeit ist es wichtiger denn je, die Liebe in jedem Atemzug einzuladen und die Klarheit in allem zu leben.

Erzengel Michael gibt euch in diesem Band 7 ganz neue praktische, leichte Techniken, um viel leichter mit den Veränderungen auf Mutter Erde klar zu kommen. Vergesst niemals, euer Körper ist die Erde und eure Seele ist der Kosmos. Deshalb bekommt euer Körper alles mit, was auf der Erde passiert und eure Seele jede Veränderung im Kosmos. Ihr seid so wundervolle göttliche Wesen, nehmt diese Kraft wirklich an und beginnt, euer Leben neu zu gestalten.

Alles wird in dieser Zeit durchlichtet, alles, und dadurch kommt alles zum Vorschein in euch und in dem Miteinander in eurer Gesellschaft. Und es wird in kommender Zeit noch viel mehr offenbart werden. In der göttlichen Wahrheit finden keine Verurteilungen und Selbstzweifel mehr statt. Ihr seid mittendrin, diese göttliche Wahrheit in eurem Leben zu integrieren und dabei helfen euch meine geschriebenen Worte in diesem Band 7.

Sendet jedem Lebewesen eure Herzensliebe, euren Respekt und eure Achtsamkeit, damit tragt ihr zum kollektiven Aufstieg von Mutter Erde und eurem inneren Aufstieg bei.

Erzengel Michael segnet euch für eure kraftvollen Veränderungen in eurem Leben und lasst die Liebe immer fließen.

Erzengel Michael

Inhaltsverzeichnis

Die Hintergründe der Schweinegrippe — 13

Die Energie des Geldes — 23

Übung von Erzengel Michael
zur Erlösung von Armutsgelübden — 34

Manifestationsübung von Erzengel Michael — 41

Veränderungen bis 2012 — 44

Lebensenergie statt Kontrolle — 54

Technik von Erzengel Michael,
um Kontrolle abzugeben — 57

Die Kundalinikraft ist die Verbindung
zwischen Kosmos und Erde — 66

Technik von Erzengel Michael zur
Aktivierung der Kundalinikraft — 72

Innere Harmonie und die Ausgeglichenheit
zwischen Körper und Seele — 77

Ich schließe Frieden mit ... (Raum für eigene Notizen)	84
2012 – Nehmt die Zeichen der Natur ernst, dankt dem Wasser und geht raus aus den Städten	94
Die göttliche Vollendung ist, mit dem höheren Selbst zu kommunizieren	102
Technik von Erzengel Michael zur Kommunikation mit dem höheren Selbst	103
Gespräche mit meinem höheren Selbst (Raum für eigene Notizen)	107
Lichtkörperprozess und Lichtnahrungsprozess	117
Die neuen Kinder	123
Die Energie von Urteilen und die Erlösung der Vergangenheit	131
Wo urteile ich noch? (Raum für eigene Notizen)	134
Die Transformation von Urteilen	144

Technik von Erzengel Michael zur Erlösung von Urteilen	145
Wen und was ich anerkenne… (Raum für eigene Notizen)	148
Krankheit ist ein ganz großer Wegweiser und ein Ausdruck unerlöster Schuldgefühle	158
Wo ich mich noch schuldig fühle… (Raum für eigene Notizen)	163
Energieübertragung von Erzengel Michael	174
Wenn die Seele den Körper verlässt	175
Die Kraft des Vertrauens	181
Glückseligkeit und Dankbarkeit	185
Meine Bitten… (Raum für eigene Notizen)	192
Lichtkörper-Trainer nach Natara	203
Natara über Kamasha	208

Die Hintergründe der Schweinegrippe, der Segen von sauberem Wasser und die göttliche Macht des Bittens

Meine geliebten Kinder des Lichts,

Erzengel Michael ist mit euch und ist in großer Freude und in tiefer Liebe zu euch, dass jetzt Band 7 manifestiert wird.

So viel ist in dieser Zeit, seitdem Band 6 herausgekommen ist, geschehen. So viel ist transformiert worden, so viel ist sichtbar geworden. Und das ist auch die Zeit, dass ihr mehr und mehr sichtbar werdet. Dass ihr euch zeigt, eure Emotionen zeigt, eure Liebe zeigt, eure Tiefe zeigt. Alles was in euch ist, zeigt es! Denn dann kommt ihr zu eurem göttlichen Ursprung. Und ihr seid alle mit dem göttlichen Bewusstsein verbunden. Es ist nur wichtig, dass ihr es wieder annehmt, dass ihr es wieder lebt.

Seit 2006 ist eine sehr große Veränderung mit euch und mit der Erde im Gange. So bricht alles auf, alles wird durchlichtet, und alles was nicht in Liebe ist, bricht zusammen. Das ist das, was Erzengel Michael in Band 1 und Band 2 immer wieder betont hat: alles was nicht in Liebe ist, wird transformiert, wird erlöst. Und so auch in dieser Zeit: die Banken, die Krankenkassen, die

Nahrungsmittelindustrie, die Pharmaindustrie, die Kleidungsindustrie.

Alles, was mit Liebe und mit einem Bewusstsein der Ganzheit entstanden ist, und entstehen wird, wird wachsen.

Und ihr könnt aus diesem Feld der Angst, aus diesem Feld der Sorge, aus diesem Feld des Mangels in die Starre gehen, oder ihr könnt euch eurer göttlichen Größe bewusst werden. Das bedeutet, dass ihr selbst euer göttliches Potenzial annehmt, und die Liebe zu euch selbst lebt und zu jedem Lebewesen. Und dass ihr mit der göttlichen Kraft und mit uns, euer Leben selbst manifestiert.

Und jetzt kommen auch die ganzen Vorleben des Mangels raus, die Vorleben, in denen ihr in Klöstern in Armut gelebt habt. Oder Gelübde abgelegt habt von Armut. Das kann in dieser Zeit alles gehen, weil ihr damit noch einmal konfrontiert werdet, in eurem Umfeld, bewusst oder unbewusst.

Sagt "Danke" für dieses Erlebnis des Mangels und gebt es ab. Lasst es los, um die göttliche Fülle in eurem Leben einzuladen. In allem. In allem!

In diesem wundervollen Gespräch mit Erzengel Michael in Band 7 geht es um die Kraft der Geldenergie, um die Kraft des neuen Bewusstseins, das über euch alle kommen wird, zu jedem Lebewesen.

Und es geht darum, neue Dimensionstore in eurem Körper zu fühlen und zu erfahren.

Und auch jetzt werdet ihr denken, wo sind denn die Fragen?

Erzengel Michael hat die neue Form gewählt, euch durchgehend zu unterrichten, euch durchgehend Einweihungen zu geben ohne, dass euer Kopf sich ständig einschaltet. Und deshalb hat der Erzengel Michael bewusst diese Form gewählt, um euch immer, immer, immer tiefer ins Herz zu bringen, um euch die Würde erkennen zu lassen, die ihr bekommt in diesem Leben.

Wenn ihr die Würde zu euch selbst lebt, ist auch die Würdigung von allen Lebewesen da. Und so ist es mit allem: Wenn ihr die Liebe lebt, ist die Liebe von allen Lebewesen da. Wenn ihr die Schönheit lebt, ist die Schönheit von allen Lebewesen da. Aber auch wenn ihr die Ängste lebt, sind die Ängste von allen Lebewesen da.

Mit diesem Buch werden euch bahnbrechende Techniken gegeben, um in allem, in jeder Zelle euren Mangel zu erlösen, in allen Ebenen, nicht nur in der Geldenergie. In allen Ebenen den Mangel, den Neid, und auch unterbewusste Dinge, die noch ablaufen in eurem Leben, zu erlösen.

Und ihr seid so bereit, ihr, die ihr alle dieses Buch in den Händen haltet, ihr, die es lest, ihr seid so bereit, den Lichtweg zu gehen und die Verantwortung für euer Leben zu übernehmen und für eure Göttlichkeit. Jetzt zu gehen, damit ihr wirklich aus den Zwängen, aus der Sklaverei herauskommt und wieder frei werdet.

Erzengel Michael möchte hier niemals in die Verurteilung gehen, sondern möchte euch aufzeigen, euch die Wahrheit bringen, damit ihr es leichter habt, euch zu befreien. Damit ihr hinter den Vorhang schauen könnt, was alles am Wirken ist in eurem Leben. Und wer alles in eurem Leben wirken möchte.

Zuerst sind es die Eltern, die in eurem Leben wirken möchten, die Ahnen, 200 Jahre, sieben Generationen, die auf euch wirken. Dann eure Partner, die Kindergärten, die Kindergärtnerin, die anderen Kinder, die Schule, die Lehrer, die Mitschüler, die Ausbilder, die Universität, die Dozenten, die Professoren, die Kirche, die Pfarrer, die Nonnen, die Politiker, die Medien, der Fernseher, die Zeitungen, das Kino, das Radio, der Computer, das Internet, die Nahrungsmittel, die Arzneimittel, die Getränke, all das wirkt auf euch. Die Handys, die Laptops, iPods, MP3 Player, die Spielsachen, all das wirkt auf euer Leben.

Und das ist nur eine kleine Aufzählung von dem, was sichtbar wirkt, doch es wirkt noch soviel unsichtbar auf euch. Die ganze Strahlung, all das kann euch sehr leicht von eurem göttlichen Weg abbringen, euch süchtig machen. Und das sind auch alles Mechanismen, dass ihr euer Herz verliert und diese Struktur, diese Ängste, und die Struktur der Vergangenheit lebt, doch nicht den Augenblick.

Erzengel Michael möchte euch wirklich auffordern: Schützt eure Kinder, schützt eure Kinder vor den Medien, vor dem Fernseher. Schützt auch euch selbst, denn zehn Prozent ist das, was ihr seht, neunzig Prozent kommt als Strahlung heraus. Eine Strahlung, die euer Unterbewusstsein aufnimmt.

Deshalb geht in die Natur, schaut Fernsehen in der Natur, schaut die Vögel, schaut die Tiere, schaut die Blätter im Wind und nehmt diese Würde der Natur wahr, die sie euch immer, immer, immer entgegen bringt. Immer wieder aufs Neue schenkt sie euch die Kraft der Blätter, die Kraft der Früchte, immer wieder aufs Neue. Jedes Jahr neu. So lange schon!

Und nehmt euch immer ein Beispiel an der Natur, die Ordnung der Natur, dass ihr diese wieder integriert in euer Leben. Dass ihr wieder mehr in den Jahresrhythmus der Natur geht, und euch damit auch verbindet. Denn die Natur kann euch am stärksten verwirklichen. Denn wenn ihr mit der Natur wirkt, gemeinsam, dann seid ihr im göttlichen Fluss, in der göttlichen Einheit.

Und das ist der Weg: dass ihr immer mehr die Freude erlebt und dass ihr zu euch selbst kommt. Dass die Dinge, die Erzengel Michael aufgezählt hat, auf euch wirken. Dass ihr auf diese Dinge wirkt und mit dem göttlichen Glanz durch das Leben geht, und mit der göttlichen Würde und dass euer Herz aufgetan wird für alle Lebewesen und dass ihr nichts verurteilt, sondern aufklärt, entdeckt und neu empfindet.

Nehmt euch das Beispiel dieser neuen hochexplosiven gefährlichsten und nur von Menschenhand gemachten Schweinegrippe. Sie ist gemacht, um euch in Angst zu halten, sie ist niemals so da und so gefährlich, wie es aufgebauscht wird.

Jedes Jahr erkranken so viele Menschen an der Grippe, an der ganz normalen Grippe. Und diese Epidemie, die Pandemie ist nur dafür da, um euch in Angst zu halten. Um euch nicht mehr mit Menschen in anderen Ländern in Kontakt kommen zu lassen.

Diese gemachte Schweinegrippe ist längst nicht so aggressiv wie dargestellt. So wie es auch die Vogelgrippe nicht gab, gibt es auch die Schweinegrippe nicht.

Habt keine Angst, geht nicht in die Ängste, lasst euch niemals impfen, nehmt gesunde Vitamine zu euch, Vitamin C, damit euer Körper und euer Immunsystem stark bleiben.

Diese Dinge, die man feststellt bei dieser Schweinegrippe, sind die Antibiotika-Verbindungen, die durch das Fleisch, durch die Schweine, durch alles, was durch Antibiotika hoch gezüchtet wird, entstehen, sobald das geschlachtete Fleisch eine Verbindung eingeht mit eurem Darm, mit eurem Fleisch. Das schwächt den Körper, weil auch diese Antibiotika sehr stark auf die Gene des Tieres wirken.

Und so viele Tiere bekommen Antibiotika, bekommen auch jetzt diese Impfung gegen Maul- und Klauenseuche. Auch das ist eine Verbindung, wenn sie geschlachtet werden und ihr das Fleisch des Tieres esst, was einher geht mit eurem Verdauungsprozess im Darm. Das schwächt den Darm und diese Viren oder diese dadurch entstehenden Substanzen ergeben dann diese angebliche Schweinegrippe.

Deshalb noch mal der Aufruf von Erzengel Michael: Ernährt euch vegetarisch, ernährt euch biologisch. Ernährt euch im Einklang mit Mutter Erde, im Einklang mit der Natur. Dann braucht ihr diese Form nicht mitzuerleben.

Und noch mal: Lasst euch niemals impfen mit diesem Impfstoff. Denn der Impfstoff macht neue Verbindungen mit eurem System und dem Immunsystem und den Antibiotika, die den Tieren gespritzt werden. Er macht neue Verbindungen, und das ist nicht das, was ihr braucht in eurem Leben, um in eure Göttlichkeit zu kommen.

Erzengel Michael möchte euch so gerne eure Freiheit zurückgeben im Leben, die ihr verloren habt. Ich möchte euch so gerne die Leichtigkeit und die Lust am Leben wieder schenken. Deshalb geht so oft wie möglich barfuss in die Natur. Geht so oft wie möglich in den Wald und nehmt die Elemente wahr, nehmt die Erde wahr, nehmt das Wasser wahr, die Göttlichkeit, die euch umgibt.

Ihr seid noch in dieser Energie, dass ihr reines, gesundes und klares Wasser habt. Andere Länder kämpfen bereits um das Wasser. Vor allem um sauberes Wasser! Deshalb dankt mit jedem Schluck, dass ihr dieses Bewusstsein habt, in diesem Land geboren zu sein, mit sauberem Wasser, mit reinen Lebensmitteln, die es noch gibt für euch.

Und es ist von großer Wichtigkeit, dass ihr dankbar euer Leben annehmt, denn dann könnt ihr euch immer mehr mit dem Glück verbinden und immer mehr die Struktur erkennen, um hinter den Vorhang zu schauen.

Das, was der Erzengel gerade sagte, mit der Schweinegrippe, mit der Vogelgrippe und dieser gemachten Angst, um Gesetze zu erzeugen, um Impfmittel zu erzeugen, nehmt diese Informationen und schickt Liebe an die Beteiligten. Schickt Liebe an die ganzen Tiere, schickt Liebe um die ganze Erde, für jedes Lebewesen. Ihr könnt mit Liebe so viel erreichen und bittet, bittet um die Kraft, die euch zuteil wird. Bittet um die Fülle, die euch zuteil wird. Bittet und es wird euch gegeben.

Wünsche entstehen aus Angst, entstehen aus dem Mangel, doch Bitten entstehen aus dem Vertrauen. Bitten entsteht aus dem Herz. Bitten entsteht aus der Dankbarkeit und Wünschen entsteht aus dem Nichthaben. Deshalb bittet, so wird euch gegeben, sagte Jesus schon. Klopfet an, und es wird euch Einlass gegeben. Bittet uns, bittet um die Kraft und die Unterstützung in eurem Leben. Bittet und dankt, und euer Leben kommt in so einen Fluss, wie ihr es euch nicht träumen hättet können.

Es ist von so großer Wichtigkeit, euch das noch mal zu erklären: Wünsche sind unterdrückte Ängste, Wünsche haben keine Kraft. Sie sind zu diffus, und sie können nichts ausrichten. Doch Bitten an eure Seele, Gott, Kosmos, Bitten, mit der Dankbarkeit und der Demut, dass alles zur richtigen Zeit kommt, das beflügelt euer Leben. Damit habt ihr eine neue Dimension geöffnet.

Und ihr braucht diese Impulse, um euch wieder in eure Kraft zu bringen, um euch wieder in die Liebe und in die Freude und in die Klarheit zu bringen. Denn durch alles, was auf euch wirkt, was Erzengel Michael euch vorhin gesagt hat, ist es sehr wichtig, den Fokus und die Klarheit in eurem Leben zu richten. Denn nur so könnt ihr was bewirken, nur so seid ihr wirkend.

So ist das eine sehr tiefe Einführung in die Kraft und in die Freude und in die göttliche Liebe von "Gespräche mit Erzengel Michael, Band 7". Ihr werdet fühlen, dass jetzt noch mal eine ganz neue Dimension auf die Erde kommt durch uns, durch Erzengel Michael, weil ihr bereit seid, weil ihr kraftvoll bereit seid, jetzt den Dingen ins Auge zu sehen, denn alles, alles wird durchlichtet und alles wird transformiert.

Erzengel Michael segnet euch, eure Kinder und eure Familien. Lest das Kapitel immer wieder durch, denn es hat soviel Weisheit und immer wieder werden neue Informationen für euch durch die Buchstaben sichtbar.

Die Energie des Geldes, die Kraft des weiblichen Göttinnen-Bewusstseins, Techniken zur Erlösung von Armutsgelübden

Meine geliebten Kinder des Lichts,

Erzengel Michael ist mit euch.

Das Leben, das ihr gewählt habt, ist immer eine Herausforderung, immer. Euch selbst und dem Göttlichen zu dienen, euch selbst anzunehmen.

Liebe dich selbst, so wie du andere lieben kannst, so wie du andere liebst. Es geht erst um deine Liebe und dann um die Liebe zu jedem Lebewesen. Deine Liebe und deine Kraft, nutze sie für dich, nutze sie, dein göttliches Potenzial. Nur so wie du dich selbst liebst, kannst du andere lieben.

Was bedeutet das für euch auf der Erde? Was bedeutet das für euer Leben? Die Liebe ist immer auch auf Vertrauen aufgebaut, und Vertrauen ist der Schlüssel von Liebe.

Wenn ihr euch immer mehr mit eurer Liebe verbindet in

eurem Herzen, wächst das Vertrauen. Ohne Vertrauen gibt es keine Liebe und ohne Liebe kein Vertrauen.

Deshalb nutzt die Energie der Natur, nutzt die Energie der Erde, um wieder Vertrauen zu lernen. Tiere haben ein unermessliches Vertrauen, auch Kinder, ihr selbst seid alle Kinder und habt ein unermessliches Vertrauen.

Und darum geht es, dass ihr euch bedingungslos fallen lassen könnt ins Leben, ohne euch fertig zu machen und ohne ständig in die Wertung zu gehen: Wie ist euer Körper? Wie fühlt sich euer Körper an? Bin ich schön? Bin ich nicht schön?

Im Einklang zu sein mit eurer Seele und eurem Körper, bedeutet, den inneren Ruf zu spüren zum Leben. Und euch vom Leben leiten zu lassen.

Warum haben sich so viele Menschen zum Sklaven gemacht, abhängig von dem Bann von Verträgen? Aus mangelnder Selbstliebe. Abhängig gemacht mit Schulden. Fange immer erst bei dir an und lasse deine Liebe fließen, bevor du irgendeinen Vertrag unterschreibst auf der Erde, sei es irgendein Arbeitsvertrag oder sonst irgendwelche Verträge.

Lass Liebe hineinfließen, lass deine Herzensliebe hineinfließen, denn das hat Kraft.

Und schließe Frieden mit der Abhängigkeit. Schließe Frieden mit dir selbst und dann löst sich die Abhängigkeit auf und du entdeckst wieder ganz dein volles Potenzial.

Abhängigkeit ist Mangel. Aber wenn ihr in eure Kraft kommt, lebt ihr keine Abhängigkeit mehr. Dann lebt ihr den Frieden, Liebe und Vertrauen.

Der Grund, weshalb jetzt so viele Menschen finanziellen Mangel erleiden, liegt am Mangel an Selbstliebe. Wenn ihr euch selbst liebt und euch selbst akzeptiert, wenn ihr euch selbst erlebt, immer in dem Vertrauen, immer in dem Bewusstsein der Liebe handelt, zu euch selbst und zu jedem Lebewesen, dann hört der Mangel auf. Und das wird jetzt überall sichtbar.

Der Mangel an Liebe lässt jetzt alles erlösen und in eurem Geldsystem ist keine Liebe drin. Wie Erzengel Michael schon sagte in Band 1 und 2, ladet alle Geldscheine, alles, was durch euch fließt mit Liebe auf, mit Dankbarkeit und mit Güte, alles. Haltet es an euer drittes Auge, mit dem Segen, haltet es an euer Herzchakra mit der Liebe. Segnet alles Geld, das durch eure Hände fließt, segnet es. Und benutzt so wenig wie möglich Kreditkarten oder Bankkarten. Lasst das Geld leben. Lasst es nicht nur Zahlen auf dem Kontoauszug sein, sondern lasst es leben. Lasst es durch eure Hände fließen. Zahlt so viel wie möglich mit Bargeld, lasst es wirklich in Bewegung sein. Das Geld hilft euch, euch an etwas Schönem zu erfreuen. Und wenn Ihr eure Freude durch das Geld dann auch ausdrückt, dann ist das wunderbar. So ist keine Sperre da.

Doch warum kann so ein System zusammenbrechen? Wenn das Geld nicht mehr mit Liebe gefüllt wurde, nicht mehr mit Dankbarkeit, sondern mit Gier, mit Hass und mit Krieg.

Die Energie des Geldes ist völlig wertfrei.

Und ihr habt die Möglichkeit, diese Geldenergie mit positiver oder negativer Energie aufzuladen. Doch wenn das Positive überwiegt, dann hat das Geld Kraft, dann hat die Energie des Geldes Kraft, und so wurde das Geld aus dem Mangel an Selbstliebe angezogen, konnte nicht bei euch bleiben, konnte nicht frei sein. Und dadurch konnte es zu diesem Zusammenbruch von dem kommen, was künstlich aufrecht erhalten wird.

Doch wenn ihr dem neuen System, was daraus entsteht, Liebe schenkt, Energie schenkt, Freude schenkt, dann entsteht ein kraftvolles Miteinander zwischen dir und der Geldenergie.

Die weibliche Kraft, die weibliche Energie, ist völlig aus der Geldenergie herausgegangen, wurde herausgegangen, oder herausgenommen. Denn eine Göttin, die weibliche Energie, würde niemals so gierig und unsozial handeln, wie bis jetzt mit dem Geld umgegangen wurde.

So ist es wichtig, dass in den neuen Regierungen, in den neuen Banken auch, und in den neuen Firmen, viel mehr die Frauen wieder die Kraft einbringen, um mit ihrer Intuition, mit ihrer Mission zu halten, zu erneuern und in Frieden zu manifestieren. Deshalb ist es sehr wichtig, dass die weibliche Kraft, die Göttinnenkraft wieder in das Geld hineinkommt. Und ich bitte euch, ihr Frauen: Fangt an, geht raus, geht wieder in die Positionen, übernehmt eure Verantwortung in der Gesellschaft.

Es ist schon gut, dass jetzt seit einiger Zeit in Deutschland eine Frau regiert. Doch sie ist umringt von Männern. Sie ist eine, die ihre männliche Stärke lebt, doch niemals ihre Weibliche. Und doch ist es ein gutes Energiefeld für das Kollektivbewusstsein, dass eine Frau diesen Staat versucht zu leiten, denn ihre Gene und ihre Zellen sind weiblich. Und das ist schon mal ein guter Anfang, obwohl die Struktur, die sie lebt und wie sie regiert und reagiert, nichts mit Liebe zu tun hatten. Doch sie ist eine ausführende Person.

Nehmt wirklich eure Energie als Frau ernst, und geht raus und lasst euch nicht abwimmeln. Es ist auch wichtig, auf die Kraft, auf das Bewusstsein der Frau zu hören, damit der männliche Part auch wieder spirituell werden kann.

Denn es gibt so viele Männer, die immer noch Angst haben vor der weiblichen Kraft, vor der weiblichen Intuition, vor der weiblichen Mission, vor dem Gebären, vor dem Erschaffenden.

Und deshalb, wenn ihr etwas erschaffen wollt, in eurer Partnerschaft, in euren Beziehungen und in eurem Leben, dann ist es sehr wichtig, diese Energien einer Frau wie eine Göttinnenkraft zu lenken und zu leiten.

Ihr seid alle so frei und so rein auf die Erde gekommen, ohne Ängste, ohne Gier. Seid einfach da, voller Vertrauen, voller Liebe. Und wie Erzengel Michael schon in der Einleitung sagte, es wirkt so viel auf euch ein, und es geht tatsächlich darum, dass ihr es wieder entdeckt, dass Mann und Frau gleichberechtigt sind, dass die Göttinnen-Energie wieder kraftvoll auf der Erde wirken kann. Und dass ihr euch wieder begegnet, Gott und Göttin.

Und das zeigt euch dieser Transformationsprozess, der die ganze Welt betrifft: Was geschieht mit dem Geld, wenn ihr es nicht mehr ehrt, achtet und es nicht mehr in Bewegung haltet, in Fluss haltet? Wenn es wirklich durch eure Hände fließt, egal um welchen Betrag es sich handelt, zahlt es bar, bringt den Fluss wieder dort hin zum Geld und segnet es, und liebt es und dankt für das Geld!

Es ist so wichtig, dass ihr auch eure Steuern, die in jedem Land anders sind, mit Liebe hergebt. Und in Frieden damit seid. Natürlich ist dieses System die alte Struktur, dass aus euren Steuern die Renten, die Kindergärten, die Schulen, die Politiker, teilweise Kirchenämter, die Straßen, und noch vieles, vieles mehr und vor allem auch die Pharmaindustrie und die Rüstung bezahlt werden.

Doch wenn ihr dieses Geld segnet, bevor ihr es abgebt, trägt auch das alles zur Veränderung bei.

Es braucht viele von euch, die dieses Geld segnen, damit sich etwas verändert.

Und wenn es euch möglich ist, bringt das Geld bar zu den Ämtern. Bringt das Geld bar zu den Krankenkassen. Damit der Wert wieder verdeutlicht wird. Damit ihr den Wert seht. Und die Menschen in den Ämtern und in den Krankenkassen werden verdutzt sein. Doch es ist völlig egal, wie ihr es bezahlt, ob es abgebucht wird oder ihr es überweist. Doch wenn ihr es bar hinbringt, dann werden sie verdutzt sein. Ob das überhaut möglich ist? Aber natürlich ist das möglich. Denn es ist Geld. Und segnet dieses Geld, und bringt es dann dorthin. Somit bringt es dann Licht in die Krankenkassen, Licht in die Steuern, Licht in die Energie des Systems. Und wenn es ganz viele machen, werden sie umdenken, werden sie aufwachen, wird etwas erneuert werden.

Denn so ein Staat lebt vom Miteinander, lebt vom Vertrauen und ihr habt kein Vertrauen mehr in die Politiker und die Politiker haben überhaupt kein Vertrauen in ihr Volk.

Und wie kann dieses System dann aufrecht erhalten werden?

Wie kann das funktionieren, wenn ihr missmutig und widerwillig Steuern zahlt, wovon ihr gar nichts habt, meint ihr. Wo ihr euch ärgert. Und was haben die Politiker und die Staatsbeamten von einem Volk, das missmutig die Steuern bezahlt? Abhängigkeit!

Und deshalb ladet das wunderbare Geld auf, lasst es fließen und ladet doch das Geld auf, das ihr an den Staat zahlt. Und es wird mit dem Bewusstsein aufgeladen, dass die Energie etwas verändert. Dass diese Licht- und die Liebes-Energie Veränderung und Freude bringen.

Es steht nirgendwo geschrieben, dass ihr eure Krankenkassen, Finanzämter, Handyrechnung, alle Steuern und auch Wassergebühren, Stromgebühren, nicht bar bezahlen könnt. Darüber gibt es kein Gesetz.

Deshalb geht zu den Stromversorgern und zahlt eure Rechnung bar und bringt sie wieder zum Nachdenken.

Besteht darauf, nichts mit Abbuchung zu bezahlen. Und bringt das Geld wieder in Fluss, damit es wieder sichtbar wird.

Diese Transformation, der Zusammenbruch des Geldes, konnte auch nur geschehen, weil ihr gar nicht mehr das Geld in dieser Form seht.

Und wenn ihr euch mit Liebe umgebt, wenn ihr dankbar seid für alles, was zu euch an Geld fließt, und ihr es gerne in Liebe wieder fließen lasst, kommt es immer, immer, immer wieder zu euch zurück. Und dieser Liebesfluss wird dadurch immer stärker.

Und ihr seid alle gefordert, alle, auch die Menschen vom Arbeitsamt oder vom Sozialamt. Auch wenn ihr euer liebes Geld vom Arbeitsamt oder vom Sozialamt bekommt, oder von euren Eltern, von Verwandten oder Freunden für euer Leben, dann segnet das Geld und seid dankbar, dass für euch in diesem Land gesorgt ist.

Seid dankbar dafür, dass ihr die Kraft habt und das Leben gewählt habt, auch wenn es euch vorkommt, als wäre es ein Leben in Armut. So lebt ihr trotzdem in Fülle gegenüber anderen Menschen in anderen Ländern. Und das macht euch immer bewusst und deshalb auch da: Segnet euer Geld. Segnet die Liebe, segnet eurer Leben.

Auch wenn ihr denkt, ihr wärt arm, es ist ein Mangel an Liebe, diese Armut. Armut bedeutet, keinen Mut zu haben. Armut bedeutet, keine Handlung zu manifestieren. Handelt, denn wenn ihr handelt, dann könnt ihr wirklich da sein. Und dann könnt ihr lieben und dann könnt ihr euch in die Kraft bringen, in die unendliche Kraft der Freude.

Deshalb seid dankbar, dass ihr in diesen Staat, in dieses Land geboren seid, wo ihr keinen Hunger leiden müsst, wo ihr immer genug Wasser habt, wo ihr immer genug Nahrungsmittel habt. Seid dankbar dafür.

Und lasst euch nicht benutzen, denn die Ängste werden oft benutzt, um euch in Abhängigkeit zu bringen. Doch wenn ihr wirklich "Ja" sagt, und in die Liebe geht, und den Mut habt, eure innere Armut zu überwinden, kommt die Fülle auf allen Ebenen.

Und so ist es auch mit der Weiblichkeit. Lasst in jeder Chefetage die weibliche Energie wieder einziehen, überall manifestiert mit der Kraft einer Frau. Manifestiert mit dem göttlichen Göttinnenbewusstsein.

Und steht auf, ihr lieben Frauen auf der Welt und sorgt dafür, dass die weibliche Kraft wieder überall zu Hause ist und sie überall wieder Anerkennung findet, Anerkennung und Geborgenheit.

Denn ihr seid die Erschafferinnen, und ihr seid die Erschaffenden und ihr könnt jetzt, in dieser Zeit, alles verändern!

Habt den Mut, steht auf für eure Weiblichkeit, steht auf

für eure Göttinnen-Energie.

Erzengel Michael sagt es noch einmal: Lasst in jeder Firma, in jeder Geschäftsführung, in jeder Geschäftsleitung, in jeder Chefetage eine Frau sitzen, die mit ihrer Schöpferkraft und mit ihrer Intuition leitet und da ist. Damit ihr wirklich wieder in die Kraft kommt.

Nutzt auch das Bewusstsein, dass eine weibliche Kraft euer Land regiert. Sie ist zwar vom Männlichen geprägt, vom Männlichen absolut geleitet, doch für das Gesamtkollektiv ist es sehr wichtig, dass die Leitung für so ein wundervolles Land eine Frau übernommen hat. Denn dadurch könnt ihr das neue Bewusstsein erlangen. Sie handelt aus der männlichen Energie, nicht aus der Schöpferkraft, doch das Bewusstsein des Weiblichen steckt in ihr, und das wird vielen Frauen Kraft geben.

Auch die Außenministerin der USA, dass sie eine Frau ist, ist ganz wichtig, denn sie wird diesen Regionen Frieden bringen. Sie wird da sein und sie wird ganz viel erneuern.

Erzengel Michael lädt jede Frau ein, in ihre Kraft zu gehen, in ihre Intuition zu gehen und in ihre Schöpferkraft zu gehen, sich wirklich zu besinnen, warum ihr da seid.

Das männliche Zeitalter ist nun vorbei, jetzt geht es in

das weibliche Zeitalter, in die Kraft, in die Geborgenheit, in die Intuition, in die Schöpferkraft. Und auch in allen Strukturen ist es ganz wichtig, dass jetzt die Kraft des Weiblichen Einzug hält. Sei es in der Politik, in allen Industrien, in allen Banken, überall wird jetzt die weibliche Kraft mit der Schöpferkraft erneuert.

Erzengel Michael möchte euch dazu eine tiefe, tiefe Erlösungsübung geben, wie ihr wirklich die Kraft nutzen könnt für euer Leben.

Übung von Erzengel Michael
zur Erlösung von Armutsgelübden

Setz dich bequem hin, für einige Zeit, eine Stunde und halte eine Stunde deine Zungenspitze mit der Bitte, dass alle Gelübde, die dich nicht frei werden lassen auf Mutter Erde in deinem jetzigen Leben, die dein jetziges Leben noch beeinflussen, erlöst werden. Bitte darum, dass alle Gelübde der Armut, der Selbstakzeptanz, der Nichtselbstakzeptanz gelöst werden, dass alle Gelübde, die du in vergangenen Leben abgelegt hast, jetzt in deinem Leben nicht mehr wirken, und du in Freiheit leben kannst.

Dann drücke eine Stunde am Tag deine Zungenspitze und das über neun Tage hintereinander.

Eine Stunde mit dieser Bitte. Und rufe uns, rufe Erzengel Michael dazu, wir können dann unsere Energien hinzugeben, auf dass du erlöst wirst.

Denn es ist sehr wichtig diese Energie, macht es alle.

Eine Stunde die Zungenspitze halten mit dem Daumen und Zeigefinger, dass die Zunge zwischen Daumen und Zeigefinger liegt, ohne Druck, nur halten.

Und schaut, was da passiert, was sich da erlöst, was da gespeichert ist. Denn dann könnt ihr wieder neu euer Leben erfahren, eure Liebe erfahren und frei von Begrenzung sein, frei von Armut. Mit dem Mut, in eure Kraft zu kommen, in eure Göttlichkeit zu kommen, in eure neue Ebene der Glückseligkeit zu kommen, wo alles da ist, wo ihr wirklich eure Schönheit erfahren könnt, eure Klarheit.

Und macht euch nicht schlecht, verurteilt euch nicht, denn es wirkt so viel auf euer jetziges Leben, eure Ahnen, 200 Jahre, sieben Generationen, es wirkt, was Erzengel Michael immer wieder aufgezählt hat, wirkt auf euch, um euch abhängig zu machen und nicht frei werden zu lassen. Deshalb: Macht euch nicht schlecht, verurteilt euch nicht für die Situation, die ihr jetzt habt, macht diese Übung und geht weiter.

Denn diese ganzen Schönheitsrituale, diese ganze Schönheitsenergie: "Ich bin nicht schön genug". "Du bist nicht schön genug, du bist zu dick, du hast zu dicke Füße, du hast zu dicke Hände", all das bringt euch von euch weg und lässt euch nicht in der Liebe sein.

Und auch die ganzen Piercings an der Zunge und gerade auch an der Zungenspitze, am Bauchnabel, an den Augenbrauen, auch das ist eine Riesenblockade zur Selbstliebe, zur Selbstannahme und hindert den Energiefluss.

Deshalb, wenn ihr euch diese Zungenpiercings macht, dann seid ihr genau auf der Ebene, wo man diese Rituale erlöst, und all das wird noch mal ins Bewusstsein kommen, wenn ein ständiger Reiz an dieser Zone ist, wie durch Piercing. Kinder und Jugendliche mit Zungenpiercings aktivieren damit die Erinnerungen des Mangels aus vergangenen Leben.

Doch wenn ihr neun Mal an neun aufeinanderfolgenden Tagen diese Energie fließen lasst, eine Stunde am Tag, die Zungenspitze zwischen Daumen und Zeigefinger nehmt und um Erlösung bittet, seid ihr frei, seid ihr frei von allem.

Und das ist wichtig, denn ihr habt ein Recht auf Freiheit, ihr habt ein Recht auf Leben in Liebe, ohne Abhängigkeit. Deshalb geht in die Liebe, lebt euer Leben, lebt eure Schulden, lebt alles, damit der Geldfluss wiederkommen kann. Doch vor allem, liebt euren Körper, lebt eure Schönheit und lebt das Leben. Denn das Leben ist niemals gegen euch, das Leben ist immer mit euch. Und zieht wirklich die Liebe in euer Leben wieder hinein, in eurem Leben wieder an.

Und es geschieht auch durch diese Technik, wenn ihr eine Stunde am Tag, an neun aufeinanderfolgenden Tagen diese Zungenspitzenübung macht, um die Vergangenheit zu erlösen.

Und bittet Erzengel Michael auch, die Bänder des Mangels und die Bänder der Verneinung zu lösen. Bittet Erzengel Michael darum, dann könnt ihr euch in euch, in eure Kraft fallen lassen.

Eine andere, sehr wichtige Technik und Übung ist, dass ihr euch in einen Heilkreis setzt aus den Symbolen und Mantren.* Das Buch ist durch so viele Ebenen und Hände gereist, dass ihr mindestens eine Stunde im Heilkreis sitzen könnt.

---

* In "Symbole und Mantren für den Aufstieg. Arbeitsbuch von Erzengel Michael", erschienen im Kamasha Verlag, gibt es 18 Symbole, die du in einem Kreis auslegen kannst. Als wir die Symbole 2004 zum ersten Mal veröffentlichten, konnte man aufgrund ihrer neuen Kraft und Energie nur wenige Minuten im Heilkreis verweilen. Jetzt ist ihre Kraft auf der Erde integriert.

Und auch hier ist es wichtig, wenn ihr euch eine Stunde hineinsetzt, dann bittet um die göttliche Fülle, bittet um den Geldfluss, bittet darum, dass eure Energie jetzt frei sein möge, um den göttlichen Plan zu erfüllen, um die göttliche Liebe zu erfüllen in eurem Körper, mit eurem Bewusstsein der Seele. Ihr könnt euch hineinsetzen in den Heilkreis und auch darum bitten, dass alle Schocks aufgelöst werden, die ihr erlebt habt, in eurer Kindheit, in eurer Jugendzeit, in eurem Leben, um frei zu sein. Dass alle Schocks, die noch in den Zellen sitzen, die euch noch fern von der Göttlichkeit wirken lassen, dass sie aufgelöst werden.

Und wenn ihr bereit seid, wirklich bereit seid, das Geld zu empfangen, dann nehmt das höchste Scheingeld, das es in eurem Land gibt, und tragt es immer bei euch.

Das höchste Scheingeld. Einen Schein, immer in eurer Aura tragen, das ist wunderbar, denn damit ladet ihr die Fülle ein. Und lasst ihn niemals ausgehen, lasst ihn immer bei euch. Immer! Den größten Schein, den ihr in eurer Währung habt. Lasst ihn immer dabei. Denn auch das strahlt ihr aus, was ihr seid, und ihr seid göttlich, und dann strahlt ihr auch die Fülle aus, und dann kann die Fülle zu euch kommen.

Und zahlt alles, was möglich ist in bar, damit ihr wieder sichtbar werdet und auch nicht mehr kontrollierbar. Weil alles ist in eurem System auf Kontrolle aufgebaut.

Alles! Denn jede Überweisung, alles ist kontrollierbar, alles ist nachvollziehbar, jeder Geldwechsel, alles. Deshalb lasst euch nicht weiter in Angst versetzen, sondern lasst euch in die Freude, in das Vertrauen ein, so dass ihr die Lust am Leben wieder einladet.

Und Erzengel Michael erinnert euch noch mal daran, was er schon in den verschiedensten Büchern gesagt hat, legt all euer Geld auch in den Heilkreis, alles was zu euch kommt, legt es in den Heilkreis, eure Kontoauszüge, alle eure ganzen Rechnungen, eure ganzen Abrechnungen, alles, legt es in euren Heilkreis, dass alles aufgeladen ist und dann mit Liebe und mit Kraft zurückgeht. Denn dadurch entsteht ein neues Bewusstsein, eine neue Kraft von Geld, eine neue Dimension.

Und macht diese Übung, diese Zungenspitzenübung, macht sie, und ihr werdet spüren, wie frei ihr werdet, was dabei passiert.

Warum sind jetzt so viele Stürme, warum so viele Gewitter und so viel Regen? Mit eurer Angst erzeugt ihr auch das Wetter. Die Wolken, die dunklen Wolken und die Blitze. All das ist auch aus der Angst entstanden, aus der Angst vor dem Leben, aus der Panik, und aus euren schlechten Gedanken entsteht auch das Wetter.

Doch wenn ihr das Wetter liebt, wenn ihr den Regen liebt, wenn ihr die Sonne liebt, wenn ihr den Regenbogen liebt, wenn ihr die Wolken liebt, das Gewitter liebt, auch hier verändert sich das System.

In diesem Jahr windet es sehr, sehr, sehr, und es sind starke Gewitter. Das kommt zum einen auch von den vermehrten Flügen der Chemtrails jetzt, Chemie, die in der Luft leuchtet, und auch von euren Gedanken. Und wenn ihr eure Gedanken in Liebe ausrichtet, wenn ihr die Angst und die Panik vor der Armut, vor dem Verlust erlöst, dann kann sich auch das Wetter wieder stabilisieren. Dann kann sich auch die Energie wieder stabilisieren, und ihr werdet nicht so gebremst. Und ihr lasst euch nicht bremsen.

Deshalb geht immer, immer tiefer in die Kraft, in die Dynamik und in eure Selbstliebe.

Erzengel Michael möchte euch nochmals eine tiefe Manifestationstechnik geben, in der ihr wirklich eure Kraft wieder nutzt, in der ihr eure Liebe nutzt, für euch, für eure Familien, für eure Arbeitsplätze, für die Ämter, für die Politiker, und in der ihr wieder ausgeglichen seid, denn Ausgeglichenheit ist die göttliche Natur. Ausgeglichen in Bewegung zu sein, das ist die Kraft.

Manifestationstechnik von Erzengel Michael

Nehmt ein Babyfoto von euch, wie ihr als Baby aussaht, denn da ist die Erinnerung drin, da sind die Zellen noch mit Licht und Liebe gefüllt, so wie jetzt auch, doch noch nicht so mit den ganzen Wirkungsmechanismen gefüllt.

Nehmt euch dieses Bild von eurer Kindheit als Baby und schaut es an und lasst die Energie fließen von diesem wundervollen Wesen, das ihr selbst immer noch seid, und lasst euch berühren und lasst die Gefühle zu, die damit kommen.

Denn wenn ihr euch selber mit dieser reinen Energie anschaut, mit dieser reinen Liebe, mit der ihr auf die Erde gekommen seid, erinnert ihr euch daran, an diese großen Möglichkeiten, erinnert ihr euch daran, an das Potenzial, was ihr mitgebracht habt, erinnert ihr euch daran, an euren Seelenplan, an das Feuer und an die Liebe, die in jeder Zelle gestrahlt hat.

Egal, was ihr für Schläge bekommen habt, egal, was ihr als Kind erlebt habt, eure Seele ist so rein, und die ist in den Kindern und in eurem Babyfoto immer noch da, diese Reinheit.

Deshalb nehmt euch ein Babyfoto von euch, und lasst

die Liebe fließen. Schaut es euch an, guckt, was alles an Emotionen hochkommt, schaut es an, lasst es fließen, guckt, was euch jetzt noch fehlt, in diesen göttlichen Glanz zu kommen, und spürt, was passiert.

Macht das so lange, bis ihr keine Gefühle mehr dazu habt, bis ihr keine Emotionen mehr habt. Macht es so lange, bis ihr diese Liebe in jeder Zelle eures Körpers wieder spürt, die ihr damals auf diesem Foto für alle gehabt habt.

Und da ist auch die göttliche Fülle drin, da ist das göttliche Wirken drin, da ist das göttliche Licht noch in allen euren Zellen, und das holt wieder raus in euren Zellen jetzt.

Deshalb macht diese Übung jeden Tag bis ihr wirklich spürt, ihr habt keine Emotionen mehr dazu.

Ihr merkt nur noch die Liebe in jeder Zelle, wenn ihr euch als Baby anschaut. Nicht als Kleinkind, sondern als Baby. Denn dann kommt alles Vergessene wieder in euer Bewusstsein, in euch zurück. Und das ist sehr wichtig und sehr wertvoll, denn so könnt ihr wirklich eure Vergangenheit loslassen und in diesem Augenblick frei sein. Denn die Zellen dieses jungen Wesens, dieses Neugeborenen, die kennen diesen Augenblick. Die kennen nicht die Vergangenheit und Zukunft. Sie sind da! Natürlich sind Ebenen gespeichert aus vergangenen Leben, doch diese Zellen sind so rein und so am Leuchten voll kosmischen Glücks. Lebt diese Energie.

In dem Augenblick, wo ihr frei seid, seid ihr nicht mehr manipulierbar und jenseits von Angst, seid ihr absolut mit allem in Frieden. Und Erzengel Michael möchte, dass ihr frei seid, dass ihr wirklich wieder in euer göttliches Potenzial kommt, dass ihr wieder die göttliche Energie auf der Erde erfahrt und es zwischen euch und allen Lebewesen keine Grenzen mehr gibt. Dass alle Menschen im Herzen miteinander verbunden sind.

Tragt dieses Bild bei euch, das Babybild von euch, damit ihr euch immer erinnert an die große Kraft.

Erzengel Michael liebt euch unermesslich. Ihr dürft weitergehen, ihr dürft frei sein, ihr dürft eure große, große Gnade annehmen.

Gesellschaftliche Veränderungen bis 2012

Meine geliebten Kinder des Lichts,

Erzengel Michael ist mit euch. Wie wundervoll, dass ihr da seid, wie wundervoll, dass ihr diese Kraft mit manifestiert. Wie wundervoll, dass ihr euch wieder spüren wollt. Dass ihr die große Kraft nutzt, um eins zu werden.

Hier nun noch einige Hinweise zu der Übung, das Alte loszulassen, die alte Einweihungsenergie des Mangels und der Armut zu befreien. Ihr könnt eure Zungenspitze mit der linken oder der rechten Hand drücken. Und auch zwischendrin abwechseln ist kein Problem. Und wenn ihr schlucken müsst, dann könnt ihr auch zwischendrin kurz loslassen. Oder wenn ihr euch erbrechen müsst, könnt ihr auch loslassen und erbrechen, denn diese Zone geht ganz stark auf euren Magen.

Im Magen sind diese ganzen alten Sachen gespeichert, und das ist die Zone, die den Magen befreit und die euch wirklich, wenn ihr es neun Tage macht, von den alten Riten, von den alten Einweihungen in die Armut, in die Ehelosigkeit, in den Gehorsam, von all dem, in was ihr eingeweiht wurdet in den vergangenen Leben, löst.

Diese Energie hat Macht. Macht diese Technik. Nutzt die Möglichkeiten, die wir euch geben. Nutzt sie. Denn ihr habt alle so viele Leben in Klöstern gehabt, so viele Leben im Zölibat, so viele Leben in Armut, und jetzt ist die Zeit, wo ihr die komplette Fülle leben dürft, wo ihr gewählt habt, das Leben in Fülle und in Freiheit zu leben.

Erzengel Michael sprach in Band 1 und Band 2 bereits darüber, über die Veränderung der Geldenergie. Diese Transformationsenergie ist jetzt für euch auf der Erde da. Und geht immer tiefer in eure Göttlichkeit, schaut euer Wesen an, euer Babybild, schaut es an und lasst es fließen, lasst die Energie fließen, lasst die Liebe fließen, bis ihr in jeder Zelle spürt, das seid ihr.

Nun kommen wir zu Veränderungen in den Ländern, bis 2012. Das Neue, das aus dieser gemachten Krise, bewusst gemachten Krise hervorgeht, soll die Europäische Union und die Europa Energie erlösen, weil so viele Staaten so verschuldet sind. Deshalb wird diese Gemeinsamkeit der Europäischen Staaten nicht mehr halten können. Und auch die Energie, dass jeder Staat merkt, dass es keine Grenzen gibt zwischen den Völkern.

Alle Politiker, die jetzt regieren, können diese Welle nicht mehr aufhalten, somit passieren sehr gravierende Veränderungen in Europa und dadurch auch in der ganzen Welt. So wurden in diesem Jahr noch viele Staatsbankrotte abgewendet durch die Europäische

Union, durch die Fonds und durch das Geldnachdrukken. Doch das funktioniert nicht mehr in den kommenden Jahren. Und es ist noch nichts über dem Berg.

Es ist so wichtig, dass ihr an euch glaubt, dass ihr eure Energie auf der Erde manifestiert, egal wo ihr seid, mit jedem Schritt und Tritt, den ihr auf Mutter Erde setzt. Lasst die Liebe fließen.

Alles wird jetzt künstlich aufrecht erhalten. Alles wird zusammen gehalten, künstlich, dabei ist ein Staatsbankrott ziemlich vorhersehbar auch in eurem Land.

Deshalb unterstützt die grünen Banken, unterstützt mit eurem Geld ökologische Projekte und löst eure Lebensversicherungen und eure Fonds alle auf, denn der Anfang ist gemacht, doch wenn ein Staatsbankrott kommt, werden alle Gelder, alle Spargelder eingefroren.

Deshalb beugt dem vor und nehmt das raus, was ihr noch rausnehmen könnt aus euren Geldanlagen. Und holt es ab, lasst euch euer Geld bar auszahlen, um es dann bei euch zu Hause zu deponieren, oder dass es im ökologischen Investment im Fluss bleibt.

Achtet darauf, wenn ihr das Geld abhebt in größeren Summen, dass ihr nur Scheine aus eurem Land habt, dass ihr nur Scheine habt, die in Deutschland gedruckt wurden, die in Österreich gedruckt wurden, in dem Land, wo ihr herkommt, denn alles andere ist bei einem Währungsbankrott nicht mehr gültig, sondern nur noch die Scheine, die in dem Land gedruckt wurden. Achtet darauf, wenn ihr es deponiert oder irgendwo anders hinpackt, achtet darauf.

Und ihr selber lasst entscheiden, was ihr mit dem Geld macht. So werden viele Strukturen in der Politik erneuert, in der Bildungspolitik, in den Schulen, in der Medizin, in allem. In Europa wird sich durch den Zusammenbruch alles verändern. Auch private Universitäten und andere Universitäten werden dadurch in Mitleidenschaft gezogen und allmählich kommt auch hier ein anderes Lernsystem zu Tage.

Viele Regierungen können sich bis 2012 gar nicht mehr halten, können nicht mehr an der Macht bleiben. Weil die Energie der Liebe, die Energie des Vertrauens in euch immer stärker wird, und so wird sich vieles, vieles tun. Denn auch hier hält die Struktur nicht mehr zusammen.

Auch in den nächsten kommenden Jahr werden die ganzen politischen Geschehnisse durchlichtet und alles an die Öffentlichkeit kommen. So dass ihr wirklich gefasst sein könnt, dass ganz viele Staaten zusammenbrechen werden, um etwas Neues geschehen zu lassen, dass es ein Zusammenwirken gibt. Denn schon so viele Staaten wären zusammengebrochen, wenn nicht untereinander diese Gelder geflossen wären, um die Staaten zu erhalten. Doch diese Gelder sind weg. Und alle sind sie noch viel mehr in der Krise. Viele, viele Staaten auf der Erde. Und deshalb wird auch hier etwas völlig Neues kommen. Ein neues Geldsystem, und ein neues System, wie ein Land und ein Volk in Selbstbestimmung regiert werden. Und das geht auf alles über. Für jetzt noch nicht vorstellbar, doch wenn ihr in eure Göttlichkeit geht und diese Dinge tut, die Erzengel Michael euch sagt, seid ihr immer auf der sicheren Seite. Immer!

Und auch in den ersten Büchern sagte Erzengel Michael bereits, ein neuer Präsident wird kommen. Es hat sich zeitlich etwas verzögert, doch jetzt ist die Welt bereit für den Präsidenten der Herzen. Er tritt ein sehr, sehr schwieriges Erbe an, aus dem Nichts heraus, aus dem absoluten Nichts einen Staat zu regieren, und wir sind mit ihm.

Wir sind mit ihm und leiten ihn und lenken ihn in seiner schweren Zeit, in der er die USA aus der Krise führen darf und er hat ganz, ganz viele Neider und auch Gegenströme und auch viele, viele Menschen, die gegen ihn sind.

Doch der neue Präsident wird es schaffen. Er wird die Kraft haben, mit dem neuen System der anderen Staaten, etwas Neues auf der Erde zu manifestieren.

Und Russland versucht immer noch, die Gasmacht

weltweit zu beherrschen. Doch auch hier wird viel, viel Erneuerung gebraucht, viel, viel Energie gebraucht, um diesen alten Kreml-Kern zu durchlichten. Und auch hier sieht Obama eine wichtige Rolle für den Weltfrieden. Eine wichtige Rolle, um Russland mit einzubeziehen in dieses neue System.

So kann es noch bis 2012 zu einer weltweiten Einheitswährung kommen, um einen Neubeginn für jeden Staat, für jedes Land zu manifestieren.

Doch es ist wichtig, habt keine Angst, es wird noch in Vielem rütteln, überall wo nicht die Liebe fließt, wird es rütteln. So wie die Türme gerüttelt haben, die ja selbst von USA entzündet wurden, in New York. So wird es an vielen rütteln, und alles wird ans Licht kommen, alles wird durchlichtet. Denn jetzt wird es sichtbar für euch, dass alle Systeme, die nicht mit Liebe erfüllt sind, erkranken und nicht mehr haltbar sind.

So wie euer Gesundheitssystem und das Wirtschaftssystem, so werden noch viele Banken und auch Versicherungen und auch Krankenkassen erlöst, weltweit, nicht nur in eurem Land. Weltweit!

Und viele Politiker verlieren ihren Halt in der Öffentlichkeit und werden zum Rückzug aufgefordert, weltweit. Und all das geschieht jetzt, weil die Liebe nicht mehr aufzuhalten ist. Weil alles in dem Wassermannzeitalter hochkommt und vieles, vieles erneuert wird.

Alle, die ihr unzufrieden seid mit dem Schulsystem eurer Kinder, und auch ihr Kinder selbst, lasst es nicht länger zu, tut euch zusammen, erschafft neue Schulen, es gibt mittlerweile so viele wundervolle Einzelkämpfer und Projekte auf der Welt, die sich wirklich gut manifestiert haben.

Auch hier müsst ihr den Mut haben, aufzustehen und euch wirklich auch da von der Vergangenheit zu lösen.

Ihr habt ein Recht hier auf der Erde, und mit jeder Inkarnation, habt ihr ein Recht auf Herzensbildung. Und Erzengel Michael bittet euch, euch wieder dessen anzunehmen, für die Herzensbildung zu gehen und euch von diesem alten System zu verabschieden.

Die Erde befindet sich zurzeit in der stärksten Transformationsebene aller Zeiten und Erzengel Michael gibt euch dieses Wissen, um bereit zu sein für das Neue, um wirklich hinter den Vorhang zu schauen, so dass der Vorhang aufgeht. Dieses Wissen hilft euch dabei, zu erwachen. Dieses Wissen hilft euch dabei, zu verstehen, wie die Dinge geschehen auf dem Planeten Erde.

So werden noch auf einige Regierungen Anschläge ausgeübt, in dem Versuch, sie zu erlösen. Doch das ist das, was ihr nicht tun solltet, auf keinen Fall! Handelt mit der Liebe, begegnet mit der Liebe jedem Lebewesen, auch jedem Politiker, dass ihr sein Herz berührt, dass ihr ihn im Herzen erreicht, dass er wieder spürt, dass er auch ein göttliches Wesen ist und nicht nur eine Marionette.

Und all das, was ihr jetzt in den Zeitungen lest, über Impfstoffe, Grippewelle, all das sind noch die letzten Machtstreben, um euch in Schach zu halten, um euch gefügig auch weiterhin zu machen.

Doch die, die ihr wisst, was gespielt wird, verbreitet das Wissen. Lasst es nicht zu, dass so viele Menschen in die Irre geführt werden, lasst es nicht zu. Ihr habt alles in der Hand. Wir geben euch das Wissen, um euch die Ängste zu nehmen, dass ihr niemals mehr manipulierbar seid.

Bis zum Jahr 2012 wird es viele neue Bewegungen geben, Gruppierungen, Vereine, Stiftungen von Menschen, die für das Gute eintreten, die sich mit den Politikern auseinandersetzen, in Kontakt gehen, um in Liebe und Frieden die Veränderung mitzutragen.

Nur wartet nicht auf den Erlöser. Wartet nicht darauf, dass euch die UFOs abholen. Wartet nicht darauf, dass euch die Mutterschiffe abholen. Das ist Spielerei, so funktioniert das Leben nicht, so einfach. Ihr habt alles in der Hand. Setzt ein Zeichen, im nächsten Atemzug, sagt "Ja" zum Leben und geht mit den Menschen, mit euch, mit eurem Volke zusammen, um die Veränderung herbeizuführen in Liebe und in Frieden, ohne Gewalt. Denn im Herzen kennt ihr keine Grenzen. Im Herzen seid ihr alle verbunden. Und das wird jetzt sichtbar, wenn ihr euch traut, dies zu zeigen.

Was wird noch bis 2012 geschehen? Es kommen neue Finanzkonzepte, die euch aus der Armut in den Reichtum führen. Es wird sich eine Gruppierung zusammentun und eine weltweite Vorreiterrolle übernehmen für viele, viele Staaten. In den Kirchen wird es bröckeln, es wird immer mehr Kirchenaustritte geben, wodurch der Kirche auch die finanzielle Macht entzogen wird. Und die ganzen Rentenfonds, die jetzt vom Staat noch künstlich aufrecht erhalten werden, werden auch bis zum Jahr 2012 nicht mehr haltbar sein.

Und die erneuerbaren Energien werden durch die Störfälle in euren alten Energien immer bedeutsamer und kommen immer mehr ins Bewusstsein. So werden die freien Energiemaschinen, die mittlerweile in vielen Staaten schon von Menschen eingesetzt werden, immer stärker ihre Verbreitung finden.

Alle diese Informationen sind Informationen für euch, um euch vorzubereiten, dass ihr mit dieser Kraft gesegnet seid, auf euer Herz zu hören und in euer Vertrauen zu gehen.

Ein Aufruf an alle Menschen, die ihre Arbeit bereits verändert haben, oder auch verloren haben durch diese gemachte Krise: Tut euch zusammen, geht zusammen und habt keine Angst! Erlöst die Ängste und manifestiert euer Leben neu! Nutzt die Zeit, die ihr bekommt, seid dankbar für das Geld, dass ihr bekommt, ihr habt es ja auch alle in Wirklichkeit eingezahlt und nutzt die Zeit, um etwas Neues in eurem Land und in euch entstehen zu lassen.

Seid nicht träge, dümpelt nicht rum, sondern betet, bittet und trefft euch, trefft euch in Liebe zusammen und fördert die Gemeinschaft! Denn ein Staat, ein Land, ein Volk ist eine Gemeinschaft, und jetzt heißt es, in dieser Zeit, wieder die Gemeinschaft zu erkennen, die Gemeinschaft zu erfahren und die Gemeinschaft wieder zusammenzurufen. Nicht nur, indem die Staaten Geld nachdrucken, für euch und für andere Länder, sondern indem ihr aufwacht und die Verantwortung für euch übernehmt, über alles in eurem Leben.

Und Erzengel Michael möchte hier nochmals sagen, er möchte keine Angst schüren in euch, er möchte euch wirklich vorbereiten auf eine neue Gemeinschaft, auf ein neues Miteinander, auf ein neues gemeinsames Miterleben.

Erzengel Michael segnet eure Kinder, eure Eltern, dass ihr gemeinsam die Gemeinschaft erfahrt vom Herzen.

Lebensenergie statt Kontrolle, Technik von Erzengel Michael, um Kontrolle abzugeben

Meine geliebten Kinder des Lichts,

Erzengel Michael ist mit euch. Wie kraftvoll ihr euch hineinbegebt in das Leben, wie kraftvoll ihr euch immer weiterentwickelt mit den Informationen, die Erzengel Michael euch gibt, dass ihr immer wacher werdet, und immer mehr in die Kraft der Liebe geht.

Denn die Liebe ist der größte Impfschutz, die Liebe lässt alles abwenden. Alles! Deshalb ist es Erzengel Michael so wichtig, dass ihr wieder liebt, dass ihr lebt, und dass ihr euch lebt.

In dieser Einheit geht es darum, eure Kontrolle zu erlösen, eure Selbstkontrolle, euren Kontrollmechanismus.

Denn wenn ihr auf die Erde kommt, seid ihr völlig frei, da ist nur Vertrauen, da ist nur Liebe, da ist nur Schönheit und pure Energie.

Doch durch die Geburt, und durch das Bestreben eurer Eltern nach mehr, kommt die Kontrolle. Obwohl eure

Eltern immer, immer, immer, egal was geschehen ist, das Beste für euch wollten, und ihr ihnen immer dankbar sein dürft, dafür dass sie euch geboren haben. Erweist ihnen diese Ehre, dankbar zu sein, dafür dass sie euch geboren haben, dass sie euch geholfen haben, euch zu entwickeln, euch auf die Erde zu bringen.

Mit dieser Energie seid ihr ins Leben gekommen, mit der Dankbarkeit. Und dann nimmt die Kontrolle über euer Leben überhand. Durch die Bewertungsenergie der Noten, die euch gegeben werden, durch die Beurteilung.

Es ist so wichtig, dass ihr die Kontrolle hinter euch lasst, dass ihr Vertrauen lebt, euer Herz lebt. Denn wenn ihr Kontrolle lebt, dann könnt ihr euer Herz nicht leben.

Und das ist jetzt der Weg: die Kontrolle abgeben, um wirklich frei zu sein.

Denn Kontrolle ist Angst, und Kontrolle ist Schwere. Kontrolle ist nicht Leichtigkeit und Kontrolle kann euch auch in die Armut führen, weil ihr durch die Kontrolle keine Lebensenergie mehr habt.

Es ist wichtig, dass ihr die Kontrolle loslasst, um immer tiefer, tiefer, tiefer in eure Göttlichkeit zu kommen, denn die Göttlichkeit kontrolliert nichts, das Vertrauen kontrolliert nichts. Doch ihr seid immer darauf aus, zu kontrollieren, alles in Schach zu halten, weil euch das so gelehrt wurde, dass die Kontrolle eure Existenzberechtigung ist.

Doch Liebe ist die Existenzberechtigung, nicht Kontrolle!

Und Erzengel Michael möchte euch in dieser Einheit aus der Kontrolle führen ins Leben. Alle Kriege entstehen aus der Kontrolle.

Technik von Erzengel Michael, um Kontrolle abzugeben

Atme drei Mal tief ein, und dann bitte um die Leichtigkeit, bitte um die Leichtigkeit in deinem Leben, dass die Kontrolle gehen darf.

Drei Atemzüge und dann bitte darum, dass die Leichtigkeit in dein Leben kommt und die Kontrolle jetzt in die Freiheit gehen darf. Und dann schau, was passiert, schaue, wo in deinem Körper sich Anspannungen lösen, wo in deinem Körper ein Ziehen entsteht, oder eine Emotion hervorbricht.

Denn ihr haltet immer noch so viel fest, und durch Kontrolle entstehen in uns viele Krankheiten, durch dieses Festhalten, eure Gefühle zu kontrollieren, euer Mann-Frau-Sein zu kontrollieren. All das lässt euch nicht frei sein. Und deshalb kommen so viele Krankheiten, weil dadurch euer Gewebe immer fester und fester wird, denn mit der Kontrolle ist auch ganz viel Angst da. Ohne Angst gibt es keine Kontrolle und ohne Kontrolle gibt es keine Angst.

Lasst die Kontrolle los durch diese Technik, drei Atemzüge und eure Bitte. Und wiederholt immer mal wieder: Wo sitzt noch Kontrolle in meinem Körper?

Durch diese drei Atemzüge und durch dieses Bitten wird euch bewusst, und durch die Bewusstwerdung könnt ihr auch die Fülle einladen. Denn jede Zelle ist göttliche Liebe, jede Zelle ist göttliche Vereinigung, jede Zelle ist das göttliche Werk in allen Lebewesen, in allen.

Und das will Erzengel Michael in euch manifestieren, durch diese Klarheit, die er euch gibt in diesem Buch, und dass ihr die Kontrolle loslasst, um anzukommen in eurem Herzen, um anzukommen in eurer Kraft.

Drei Atemzüge und dann bitten, dass die Leichtigkeit kommt, und dass die Kontrolle gehen darf.

Denn durch die Göttlichkeit und durch eure Liebe zu euch selbst kommt die Entspannung. Durch diese ganze gemachte Elektroenergie, durch Handymasten und alles, was in dieser Elektroenergie strahlt, entsteht eine riesige Spannung in euren Körperzellen, und das führt auch zu Kontrolle.

Deshalb geht in die Entspannung. Nehmt euch immer wieder eine Auszeit von dem Trubel des Alltags und nutzt die Zeit für euch. Eine Zeit mindestens, ein bis zwei Stunden, nur für euch, in der ihr tun könnt, was euch wichtig ist. Denn dadurch könnt ihr die Kontrolle loslassen und es kommt zur Entspannung.

In diesem System, in das ihr euch hineingeboren habt, in diesem Politiksystem, in dem Schulsystem, in dem Arbeitssystem, ist alles auf Kontrolle aufgebaut.

Jetzt, wo sich alles verändert, wo sich alles erlöst, gibt es auch eine Bitte von Erzengel Michael an die Lehrer: Wir wissen, dass es ganz schwer ist, die neuen Kinder zu fördern, zu unterrichten, doch habt ein Herz! Öffnet euer Herz für die neue Energie, öffnet euer Herz für diese neue Liebe, die die Kinder mitbringen!

Und wisset, dass dieses ADHS und ADS Ablagerungen von atomarer Strahlung im Gehirn sind, die zu Abbauprodukten führen in der Leber, die dann die Kinder so nicht zur Ruhe kommen lassen.

Habt Verständnis mit den Kindern und gebt ihnen eine neue Chance!

Eine Bitte an alle Lehrer, alle Eltern, an alle Bezugspersonen für Kinder: Akzeptiert das mehr und mehr und leitet die atomare Strahlung, die Elektrostrahlung der Handys, Wireless Strahlung und die Gifte der atomaren Strahlung wieder aus.* Denn die atomare Strahlung im Erdsystem hat sich verzehnfacht, und das nehmen die Kinder auf.

* Die Ausleitungstechnik lehrt Natara in der medialen Heilerausbildung. Eine weitere Möglichkeit ist, die Kamasha-Essenz "Ausleitung" zu verwenden.

Die neuen Kinder kommen schon mit einer vergrößerten Leber auf die Welt, weil sie wissen, was für eine Struktur der Vergiftung auf der Erde herrscht, und deshalb ist die Leber schon vergrößert, wenn sie kommen, nicht aus Krankheitsgründen, sondern weil sie viel mehr diese Energie brauchen, um zu entgiften.

Das ist ein Hinweis auch für alle Ärzte und alle Eltern, dass ihr euch keine Gedanken macht, wenn bei einer Untersuchung die Leber vergrößert ist!

Das bringt die DNA so mit sich, denn sie ist immer auf Erhaltung und Entwicklung aus.

So lasst euch nicht verwirren, sondern geht mit euren Kindern den Weg und leitet die atomare Strahlung aus. Denn so viele Kinder auf der ganzen Welt sind davon betroffen, nicht nur in eurem Land, sondern so viele Kinder.

Und um die Kontrolle loszulassen, braucht es auch ganz viel Vergebung. Vergebung, was euch widerfahren ist in der Kindheit, mit den Schulen, mit dem Kindergarten, im Arbeitsumfeld, aber auch in vergangenen Leben. Hierzu braucht es ganz viel Vergebung, dass sich eure Zellen wieder daran erinnern, wie schön ihr seid und wie göttlich die Zelle ist.

Deshalb entstehen auch so viele Tumore und Krebs, weil

die Zellen, die intelligenten Zellen das vergessen haben, ihre Göttlichkeit. Und wenn ihr das wieder lebt, seid ihr frei von solch einer Krankheit. Und auch frei für eure Kinder.

Und wenn ihr euch, wie Erzengel Michael schon gesagt hat in einigen Durchsagen vorher, immer wieder euer Babyfoto anguckt, dann könnt ihr die Kontrolle loslassen und vergeben. Denn dann werdet ihr wieder so frei und offen wie dieses Wesen, das in euch steckt.

Erzengel Michael freut sich über jedes erwachte Wesen, und ihr alle seid erwacht, ihr alle, wenn ihr euch von der Kontrolle löst, wenn ihr euch wieder auf die Glückseligkeit in eurem Leben einlasst und eure Zellen dahin ausrichtet.

So verwirklicht eure Lebensmission, verwirklicht euer Leben, denn dann verliert ihr keine Energie mehr.

So viele Menschen machen ihren Job und können sich gar nicht damit identifizieren, und das kostet eine Menge Lebensenergie. Aber wenn ihr aufwacht, und das tut im Leben, woran ihr Freude habt, dann seid ihr auch erfolgreich. Doch dafür ist es sehr wichtig, die Kontrolle loszulassen.

Das, was geschehen ist mit der gemachten, globalen Weltwirtschaftskrise, dass für einen Moment alles außer

Kontrolle war, alles, für einige Tage war alles außer Kontrolle, führt dazu, dass man versucht, mit mehr Kontrolle über euch, alles wieder auszugleichen. Und aus dieser jetzigen Kontrolle entstehen neue Kontrollen.

Doch lasst euch nicht länger auf dieses Spiel ein, erkennt endlich auch die Manipulation, die hinter jeder Kontrolle steckt.

Und lasst euch ein auf euch und wir öffnen euch den Vorhang, wir öffnen euch den Schleier, dass ihr immer mehr sichtbar werdet und dass ihr immer mehr in eure Kraft geht. Und lasst die Liebeszerstörung nicht mehr zu.

Auch jetzt ist gerade das aktuelle Thema der Schweinegrippe ein Zeichen, kein Fleisch mehr zu essen und euch nur noch vegetarisch zu ernähren. Es ist ein Zeichen, dass mit Manipulation alles möglich ist.

Euch zu impfen ist das eine, doch was ist in diesem Impfstoff drin? Kleine Chips, mit denen ihr absolut kontrollierbar seid, damit ihr noch mehr lenkbar seid!

Deshalb steigt nicht ein in die Angst. Lehnt diese Impfung ganz klar ab und verbreitet die Information, die ich euch gegeben habe, die Erzengel Michael euch gegeben hat. Verbreitet sie, damit so viele Menschen wie möglich davon erfahren.

Und das ist die Sache mit Kontrolle: Wenn ihr die Kontrolle nicht mehr zulasst, kann keiner mehr Kontrolle über euch ausüben.

Doch so viele lassen Kontrolle zu, die Kontrolle über sich selbst. Doch alles, was jetzt geschieht mit dem Zusammenbruch, ist ein Zeichen, hinter den Vorhang zu schauen. Wacht auf, wacht auf und lasst euch nicht mehr beeinflussen.

Findet einen Vegetarier, der sich mit dieser Schweinegrippe angesteckt hat. Das gibt es nicht.

Deshalb ist es so wichtig, Frieden zu schließen mit den Tieren, Frieden zu schließen mit eurem Leben und seid mehr und mehr wieder in eurem eigenen Lebensfluss.

Alle deine beruflichen Arbeiten bis hierher waren wichtig, doch überprüfe jetzt, stehst du wirklich dahinter, machst du wirklich das, was du machen willst, oder tust du es nur, um dein Leben zu finanzieren? Schau wirklich genau hin, wo und warum du dort arbeitest, um dann in die Veränderung zu gehen, um in deine Veränderung zu gehen.

Und der erste innere Schritt ist, die Kontrolle loszulassen und dich auf die Leichtigkeit einzulassen und dann wird sich schon ganz viel tun an deinem Arbeitsplatz. Oder vielleicht findest du einen neuen Arbeitsplatz, mit dem du dich ganz identifizieren kannst, bei dem du dabei sein kannst.

Denn nur wenn sich jeder Mitarbeiter identifiziert mit der Firmenphilosophie, ist eine Firma erfolgreich. Alle anderen werden mehr und mehr erlöst. Auch das ist wichtig, damit sich etwas Neues einstellen kann. Damit ihr mehr und mehr in eure Freiheit kommt.

Und wenn ein Leiter des Staates nicht mehr hinter seinem Volk steht, und umgekehrt, bringt es auch ganz viel Erneuerung mit sich, aber auch erstmal ganz viel Spannung und dann die Entspannung.

Und was immer ihr lebt, was immer ihr in Freude lebt, ist erfolgreich.

Wann immer ihr etwas tut, das nicht im Herzen ist, entsteht Depression, entsteht Schock, entstehen Wunden in euch, die irgendwann immer größer werden. Und dann schaltet sich der Mechanismus der Kontrolle ein und ihr braucht Drogen, braucht Alkohol, Zigaretten, um diese Wunden nicht mehr zu spüren. Doch löst euch davon. Löst euch, um wirklich gewahr zu werden, um euch selbst immer in allem zu dienen, und dann dient ihr allen, doch ist es wichtig, erst euch selbst zu dienen.

Wie weltfremd Erzengel Michael ist! Doch ich sage es noch einmal für euch: Ihr werdet es schaffen, eure

Erleuchtung, eure Glückseligkeit, wenn ihr alle alles durchlichtet. Alles!

Erzengel Michael liebt euch alle unermesslich. In jedem Atemzug, den ihr auf der Erde atmet, atmet ihr die göttliche Energie, die göttliche Liebe ein und die göttliche Liebe aus. Macht euch das immer bewusst, dass ihr ganz verbunden seid durch euren Atem, mit dem Atem Gottes, und es ist so ein großes Geschenk. Lebt es immer wieder, denn wir wollen, dass ihr frei seid.

Wir wollen, dass ihr euch nicht mehr an die alten Gesetze haltet und nach den alten Gesetzen handelt, sondern dass ihr eure Herzensgesetze in aller Freiheit lebt und das ist die Liebe.

Legt die Kontrolle ab und ladet die Liebe und die Leichtigkeit ein. So habt ihr ein Leben voller Vertrauen und voller Würdigung.

Die Kundalinikraft ist die Verbindung zwischen Kosmos und Erde, Technik von Erzengel Michael zur Aktivierung der Kundalinikraft

Meine geliebten Kinder des Lichts,

Erzengel Michael ist mit euch. Wie wundervoll, dass ihr da seid und dass ihr die Kraft nutzt und dass ihr die innere Kontrolle loslasst.

Es geht Erzengel Michael jetzt nicht um die Kontrolle beim Autofahren und die Kontrolle bei der Begleitung eines Babys. Darum geht es nicht. Es geht um eure innere Kontrolle, um eure innere Energie, sich von dieser inneren Kontrolle zu lösen. Das ist sehr, sehr wichtig, dass ihr euch selbst dient.

In dieser Einheit geht es um die Kundalinikraft, die auch sehr wichtig ist, um eure innere Göttlichkeit mit der äußeren Göttlichkeit zu verbinden. Die Kundalinikraft ist die Kraft im Wirbelkanal. Dort, wo das Rückenmark durchläuft, gibt es eine ganz starke Energie und das ist die Kundalinikraft. Und wenn ihr auf die Erde kommt, dann fließt sie durch und durch, zwischen dem Becken und dem Gehirn. Mann kann auch sagen, zwischen dem ersten und dem siebten Chakra fließt diese Kundalini-Energie hin und her und weit über das siebte Chakra hinaus in den Kosmos und weit über das erste Chakra hinaus nach unten.

Und mit der Zeit und mit eurer Entwicklung gerät die Kundalinikraft ins Stocken. Und durch die Kontrolle, durch die ganzen Dinge, die auf euch wirken, aber auch durch Schocks, fließt die Kundalinikraft nicht mehr. Und das bedeutet auch, in der Göttlichkeit wirst du geschwächt.

Wenn die Kundalini-Energie, wenn der Fluss der Kundalini-Energie stagniert, seid ihr viel mehr mit der Erde verbunden, als mit dem Kosmos. Und es ist sehr wichtig, dass Beides im Einklang ist, dass Beides im Fluss ist. Dass Beides sich manifestiert; die Verbindung über das siebte Chakra zum Kosmos und die Verbindung über das erste Chakra zur Erde und zum Leben.

Auch bei den rituellen kirchlichen Einweihungen, wie der Taufe, aber auch bei Kommunion, Firmung oder bei der Konfirmation, wird die Kundalinikraft geschwächt und dadurch wird mehr und mehr eure Hellsichtigkeit aufgehoben. Und es ist so wichtig, dass ihr dies wisst, denn dann könnt ihr viel mehr verstehen, warum die Kinder, die wundervollen Wesen fast immer schreien bei der Taufe, oder schlafen, weil sie es gar nicht mitkriegen wollen. Das ist ein Ritual, bei dem die Pfarrer oder die

Menschen, die es durchführen, oft gar nicht mehr wissen, was dabei wirklich geschieht, bei der Taufe, bei der Kommunion, bei der Firmung, bei der Konfirmation.

Aber auch bei der kirchlichen Eheschließung wird die Kundalinikraft abgebaut. Und durch Schocks, durch Trennungen von den Eltern, durch Unfälle, durch Traumata, kann die Kundalini ihre Bahn verlassen, den Wirbelkanal, den Rückenmarkskanal verlassen und einen anderen Weg sich suchen, was dann oft zu sehr schweren Verbrennungen führt, die sich durch Entzündungen dann zeigen, bei euch auf der Erde im Körper.

Auch Impfungen lähmen ganz stark die Kundalini und wenn Kinder nach Impfungen Neurodermitis bekommen, so ist es ein Verbrennen, weil die Kundalini ihre Bahn verlassen hat, und sie dann in eine andere Richtung fließt, und auch dadurch die Haut verbrennt.

Natürlich sind es auch die ganzen Giftstoffe, die die Organe nicht aufnehmen können und sofort versuchen, es an die Haut abzugeben. Diese Übervergiftung durch die Impfstoffe, ist bei den Verbrennungen ein wichtiger Ansatz. Doch auch, dass die Kundalini bei den Babys, die noch so rein sind, durch Impfungen geschwächt wird und dadurch den Wirbelkanal als Linie verlässt.

Tiere haben auch die Energie der Kundalini, die immer fließt, immer. Und wenn ihr Tiere tötet, in dieser Form, wie es jetzt geschieht, so schwächen sie auch eure Kundalini.

Wenn die Kundalini stecken bleibt in einem anderen Organ, kann es auch Krebs auslösen, oder eine feurige Entzündung, wenn sie in der Leber stecken bleibt, oder die Energie auf die Leber oder auf die Bauchspeicheldrüse gerichtet wird. Oder wenn sie fehlgeleitet wird in die linke oder rechte Gehirnhälfte, so ist das auch ein Ausdruck von Schlaganfall, von Gehirnschlag, wie ihr es auf der Erde nennt.

Eine fehlgeleitete Kundalini, ausgelöst durch Medikamente, ausgelöst durch einen Schock, ausgelöst durch Unterdrückung, durch Kontrolle, durch die Elektrostrahlungsenergie, durch die ganzen Einflüsse der Strahlung, auch hier verändert sich die Kundalini und geht hinaus aus dem Wirbelkanal und schießt in andere Organe hinein, wo es dann zu Verkrampfungen kommt.

Auch ein epileptischer Anfall ist eine fehlgeleitete Kundalini-Energie, oder auch Parkinson, MS, auch das sind fehlgeleitete Kundalini-Energien, aus der Sicht der energetischen Struktur der Kundalini. Natürlich sind da ganz viele Einflüsse noch dabei: die Ernährung, Viren, Bakterien.

Doch auch die Kundalini ist ein sehr wichtiger Informationsträger und ein sehr wichtiger Auslöser. Wenn die

Kundalini falsch läuft, kann sie so etwas bewirken.

Ein völliger Zusammenbruch der Kundalini geschieht durch Liquorpunktion* zwischen dem dritten und vierten Lendenwirbelbereich. Deshalb solltet ihr dies nur im äußersten Notfall machen. Oder euch auch nur im äußersten Notfall eine Lokalanästhesie geben lassen, weil es direkt ins Rückenmark, oder in die angrenzenden Nerven hineingeht und dadurch die Kundalini schwächt, oder lähmt.

Die Kundalinikraft wird auch als Schlangenkraft bezeichnet, weil sie den Kosmos mit der Erde verbindet und die Erde mit dem Kosmos. Und weil sie in dieser Röhre des Rückenmarks nach oben oder auch nach unten gehen kann. Und viele Kulturen weisen immer wieder auch darauf hin, wie wichtig es ist, sich mit der Kundalini-Energie zu befassen, und wie wichtig es ist, diese Kundalini-Energie wieder in Fluss zu bringen. Dann habt ihr auch viel mehr Kraft in eurem Körper, in euren Körperzellen, und braucht nicht mehr so viel zu schlafen.

Auch Nahrungsmittel lassen die Kundalini nicht hochgehen, nicht durch den Wirbelkanal gehen.

---

* Nervenwasser wird aus dem Rückenmark entnommen im Rahmen einer schulmedizinischen Untersuchung.

Oder auch Medikamente sorgen dafür, dass die Kundalini geschwächt wird oder so aktiviert wird, dass sie in einer falschen Energie nach oben oder in ein Organ hinein geht. Also auch Herzinfarkt, Bluthochdruck, auch das sind unter anderem Faktoren für eine fehlgeleitete Energie der Kundalini ins Herz.

Technik von Erzengel Michael zur Aktivierung der Kundalini-Kraft:
"Die Kraft der zwei Tore"

Um die Kundalini-Energie wieder zum Fließen zu bringen, ist es sehr wichtig, sich gerade und aufrecht hinzusetzen.

Und jetzt halte den Zeigefinger und Mittelfinger der linken Hand an dein zweites Chakra, an den Beginn der Schambehaarung, halte dort mit zwei Fingern die Mitte des Körpers, einfach nur halten.

Und zwei Finger, Zeigefinger und Mittelfinger der rechten Hand, lege sie an den Haaransatz deines Kopfes.

Und das hälst du, gerade aufrecht sitzend, so lange du spürst, wie die Energie fließt.

Und dann, wenn du bereit bist, deine Finger wieder zu lösen, spreche drei Mal das Mantra:

OM CHUPRA, OM CHUPRA, OM CHUPRA.

Dann geht die Kundalini wieder die korrekte Bahn im Kanal des Rückenmarks.

Vor allem Menschen mit Entzündungen, Menschen mit all dem Aufgezeigten, was Erzengel Michael euch eben gesagt hat, all die Krankheiten, können damit erlöst werden, um wirklich diese Kraft der Kundalini wieder in Einklang mit euch zu bringen.

Und wendet das bei Babys an, bei Menschen, die im Koma liegen, oder bei Menschen mit Herzinfarkten oder Schlaganfällen, wie es bei euch genannt wird auf der Erde. Lasst es zu, dass die Menschen mit dieser Technik behandelt werden, entweder durch euch, dass sie es selber machen oder auch durch die Menschen, die sie betreuen.

Auch während einem epileptischen Anfall ist es wichtig, wenn es euch möglich ist, diese beiden Tore leicht zu halten. Parallel dazu natürlich auch wirksame Mittel geben, damit sich diese Kundalinienergie wieder erlöst. Dann aber Weitermachen mit dem Halten dieser zwei Tore.

So kann auch der Konsum von Drogen, Zigaretten, Alkohol, und anderen chemisch hergestellten Bewusstseinserweiterern so eine Reaktion auslösen, dass die Kundalini in ein Organ geht oder auch, dass die Kundalini sehr, sehr, sehr geschwächt wird. Deshalb ist das Halten der Tore auch eine sehr, sehr wichtige Technik für Drogenabhängige, dass sie wirklich wieder die Lösung und das Loslassen erfahren, um frei zu werden von ihren Süchten.

Natürlich braucht es immer, um frei zu werden, die Integration von allem. Zu schauen: Was war da? Welcher Schock hat sich da draufgesetzt auf die Krankheit? Niemals diese Energie von "Jetzt ist das Allheilmittel da!" nutzen, sondern seht es in der Gesamtkomplexität der Zellen, die sich alles merken.

Und dazu ist diese wunderbare Kraft der zwei Tore da, um euch hinter den Vorhang schauen zu lassen, um euch die Liebe zurückzugeben, die ihr alle habt und die wir für euch haben. Die wir immer für euch haben. Immer! Denn ihr habt dies hier gewählt, ihr habt euren Körper gewählt. Eure Seele ist Materie geworden, und ihr habt alle, alle "Ja!" gesagt zu diesem Leben. Und es ist eines der ereignisreichsten Leben überhaupt auf dieser Erde. Deshalb geben wir euch dieses Wissen, um euch wieder von diesem ganzen Ballast zu befreien.

So, wenn die Kundalinikraft durch euch fließt, dann habt ihr immer die glückliche Wärme, ihr habt keine kalten Füße und keine kalten Hände mehr, und ihr seid in diesem göttlichen Zustand der Glückseligkeit eingetreten.

Und wenn die Kundalinikraft wieder durch euch arbeitet, dann lasst ihr die Kontrolle und auch die Vernebelung in diesem Leben nicht mehr zu. Dann werdet ihr immer freier und freier und habt keine Anhaftung mehr und dann seid ihr mit allen, mit allen Lebewesen in Liebe und in Würde. Dann habt ihr keine Anhaftung mehr und geht mit nichts und niemandem mehr in Resonanz. Und dann seid ihr pures Licht.

Und diese zwei Tore, die ihr zusammen halten dürft, in der Mitte, im Bereich des Beginns der Schamhaare und in der Mitte des Kopfes, am Beginn des Haaransatzes, sollen euch eine Erinnerung geben, an die Kraft, die euch zuteil wird. Und auch das Mantra soll euch in die Kraft bringen, eure Kundalini wieder zum Fließen zu bringen.

Und daraus können viele, viele alte Strukturen aufbrechen in eurem Leben. Und auch die Sexualität kann sich dadurch verändern mit eurem Partner, damit ihr immer mehr GANZ seid, für den Kosmos und für die Erde, ein ganzer Kanal seid, ein kraftvoller Kanal, und dadurch auch ein kraftvolles Leben haben könnt.

Da, wo die Kundalini nicht weitergeht, können auch zum Beispiel Bandscheibenvorfälle entstehen. Aber auch Tätowierungen und Piercings können den Kundalinifluss sehr stark herabsetzen und beeinflussen.

Mit der Kundalini-Energie ist niemals nur die Kraft der Sexualität gemeint, sondern die Kraft, Kanal zu sein und die Kraft, das Leben in der Einheit zu meistern. Denn viele verbinden die Kundalinikraft nur mit der Sexualität, doch das ist ein falscher Ansatz, und auch durch Schocks in der Sexualität, durch Missbrauch, wird auch die Kundalinikraft herabgesetzt, und teilweise auch zum Stillstand gebracht für eine kurze Zeit. Weshalb ihr auch hier, bei Piercings, Tattoos, auch hier diese zwei wundervollen Tore einsetzen könnt, mit dem wundervollen Mantra OM CHUPRA.

Und wenn ihr nach eurer Lebensvision lebt, euch wieder verbindet mit eurem Seelenpotential, euch verbindet mit eurer Seelenfamilie, könnt ihr immer tiefer eintauchen in das göttliche Bewusstsein, das so nah ist, das niemals im Außen ist, das so nah in euch ist und das ihr einfach mehr und mehr wieder entdecken könnt.

Bevor ihr das nächste Kapitel weiterlest, macht diese Torübung, spürt hinein, ihr braucht um nichts zu bitten, einfach hinsetzen, gerade, die beiden Tore gleichzeitig halten, und wenn ihr spürt: "Wow, jetzt ist es genug", dann sagt: "OM CHUPRA, OM CHUPRA, OM CHUPRA." Und dann werdet ihr spüren, wie stark ihr werdet, wie kraftvoll ihr werdet, wie ihr mehr und mehr aus dem Herzen, aus dem Fluss des Herzens heraus handelt und nicht mehr aus der Bestimmung der Gier oder des Neids, oder auch aus der Bestimmung eurer Vorfahren.

Erzengel Michael segnet euch, liebt euch für eure Einzigartigkeit, liebt euch für eure Geschenke, die ihr bekommt, und wisset, das ist jetzt das wichtigste Wissen, das die Erde braucht, damit ihr wirklich GANZ werdet.

Innere Harmonie und die Ausgeglichenheit zwischen Körper und Seele

Meine geliebten Kinder des Lichts,

Erzengel Michael ist mit euch. Nach den tiefen Einweihungen, die Erzengel Michael euch in den letzten Einheiten gegeben hat, geht es jetzt immer tiefer um eure Befreiung. Dass ihr immer klarer werdet und dass ihr mehr und mehr den Vorhang öffnet, um die Liebe, um die Klarheit, um die Befreiung in euer Leben einzuladen.

Und Erzengel Michael ist in großer Freude, dass ihr diese wunderbaren Techniken und Einweihungen so annehmt und sie anwendet, damit ihr frei werdet. Diese Einweihungen, diese Tore und Techniken sind Geschenke für euch, um euch immer wieder einzuladen in eure Göttlichkeit.

In dieser Einheit geht es um die innere Harmonie, um die Ausgeglichenheit deines wundervollen göttlichen Körpers und deiner wundervollen göttlichen Seele.

Es geht nicht um die Harmoniesucht: "Alles ist in Ordnung, nur die Liebe fließt." Nein, es geht um die innere Ausgeglichenheit, um dein inneres Potenzial und deine innere Harmonie, die auch immer wieder von den ganzen Wirkungsmechanismen, die Erzengel Michael aufgezählt hat, beeinflusst wird.

Denn wenn du auf die Erde kommst, hast du die innere Harmonie, bis zu deiner Geburt, weil vielleicht der Geburtsvorgang sehr schockartig war, oder zur Impfung oder zur Taufe. Und es ist sehr wichtig, deine innere Harmonie wieder herzustellen, deine innere Kraft wieder herzustellen, dein inneres Gleichgewicht, dein Ausgeglichensein zwischen dem Körper und der Seele.

Denn wenn ihr nur den Körper lebt und nur die Gier und nicht mehr auf die Seelenenergie hört, habt ihr genau das Desaster, was jetzt auf der Erde geschieht.

Doch um die innere Harmonie wiederzufinden, bedarf es Mut und Vertrauen, Vertrauen in dich und in deinen Seelenweg, Vertrauen in deinen Körper. Und es bedarf deines Respekts und deiner Wertschätzung für deinen Körper.

Wenn du deinen Körper wertschätzend liebst und respektierst, kann die Seele gut in ihm sein. Wenn du ihn ablehnst, wenn du ihn hasst, wenn du ihn verweigerst, durch Drogen, durch Nikotin, durch Alkohol, durch Medikamente, dann kann die Seele nicht in dieser Kraft durch deinen Körper wirken.

Und das ist das Wichtige, dass ihr euch wieder liebt und

die innere Harmonie, die Ausgeglichenheit wieder herstellt.

Innere Harmonie bedeutet, nichts schön zu reden, auch deinem Ärger und deiner Wut Ausdruck zu verleihen, um dann in Frieden damit zu sein. Nicht in die Gewalt zu gehen. Gewalt braucht es nicht auf Mutter Erde, dazu sind eure Körper und eure Seelen viel zu göttlich, um Gewalt zu manifestieren. Doch die innere Harmonie entsteht, wenn du "Ja" sagst zu dir. Wenn du "Ja" sagst zu den Prozessen, die in dir stattfinden, damit deine Seele wieder in dir wohnen darf.

Mit der Vereinigung von Samen und Eizelle ist das zwölfte Chakra und das höhere Selbst bereits in der Frau. In dieser Zell-Energie, wenn Same und Eizelle sich befruchten, ist bereits das höhere Selbst da, und nach und nach kommen dann die anderen Seelenanteile in den Körper zurück. Je mehr ihr Körper werdet, umso mehr Seelenanteile sind da im Mutterbauch und in eurem Körper in der Entstehung.

Und im Mutterbauch habt ihr diese innere Harmonie, ihr hört den Herzschlag, ihr seid angeschlossen, tausendprozentig mit dem Göttlichen. Ihr könnt reisen, ihr könnt rausgehen und seid absolut präsent. Da ist die Harmonie da, auch wenn ihr schon Emotionen zwischen Vater und Mutter mitbekommt, auch die Emotionen der Angst deiner Mutter vor der Geburt. Trotzdem habt ihr die absolute innere Harmonie da, und deshalb ist es von großer Wichtigkeit, dass ihr die Babyfotos von euch, das Babyfoto anschaut, um auch diese innere Harmonie wieder einzuladen, aber auch um die innere Harmonie wieder herzustellen, indem ihr zu allem, was euch stört, zu allem, womit ihr noch nicht Frieden geschlossen habt, innerlich sagt: "Friede sei mit dir!"

Das verändert die Situation. Und das verändert eure innere Haltung. Friede sei mit den Politikern, Friede sei mit euren Eltern, Friede sei mit euren Partnern, Friede sei mit euren Geschwistern, mit den Lehrern eurer Kinder. All das verändert die Situation, wenn ihr es sagt: "Friede sei mit dir!" Und das stellt die innere Harmonie wieder her, das stellt die innere Kraft wieder her. Das stellt die Verbindung wieder her, um wieder in Kommunikation mit den Menschen zu gehen. In Frieden.

Und das müsst ihr wieder erfahren auf der Erde: "Friede sei mit dir!"

Das harmonisiert deine Zellen, auch wenn ihr Viren im Körper habt, Bakterien, Krebsgeschwüre, verschiedene Parasitenarten, es geht nicht nur darum, die Medizin einzunehmen. Es geht auch um die innere Einstellung, "Friede sei mit dir" zu manifestieren.

Und dann geht der Erreger, dann geht die Energie, weil ihr den Kampf erlöst habt durch den Frieden. Und wenn es sein muss, hängt es euch auf, wenn ihr schwerwiegende Probleme habt mit Menschen, dann hängt es auf, damit ihr es immer wieder seht. Schreibt drauf: "Friede sei mit dir!" und dann den Namen von dem, mit dem ihr Frieden schließen wollt. Und das stellt die innere Harmonie wieder her. Das stellt eure innere Kraft wieder her.

Denn wenn die innere Harmonie da ist, ist die Kraft da. Wenn die innere Harmonie da ist, ist die Kommunikation da, mit allem und mit jedem, mit dem ihr vielleicht gar nicht wollt, auch wieder zu kommunizieren, in Kontakt zu gehen, das ist innere Harmonie. Auch in Kontakt zu gehen mit dem, was da ist, mit dieser Verletzung, mit diesem Trauma.

Und diese innere Harmonie, dieses "Friede sei mit dir!", ist der Kontakt zwischen der Seele und eurem Körper. Und dass die Seele immer mehr in eurem Körper sich manifestieren kann und ihr dadurch euren Seelenplan, eure Seelenmission liebt und lebt und annehmt.

Auch bei Entzündungen in den Gelenken oder auch wenn ihr davor steht, eine Operation zu bekommen, wenn ein Organ herausgenommen wird, oder ein neues eingesetzt wird, ein künstliches, auch hier ist es sehr wichtig, vorher nochmals mit "Friede sei mit dir!" das Bewusstsein der Zellen zu verändern und so kann es zu ganz großen Spontanheilungen kommen.

So habt Vertrauen, denn Erzengel Michael will nicht, dass es euch schlecht geht. Erzengel Michael möchte, dass ihr den Mut habt, euch zu versöhnen, in jedem Atemzug zu versöhnen und Frieden zu schließen. Das ist innere Harmonie und die ist euch ganz schön abhanden gekommen, durch die Ängste, durch den Mangel! Doch jetzt kann sie zurückkommen zu euch und dann kann die Seele gut in euch wohnen, kann die Seele gut durch euch wirken, kann die Seele sich wohl fühlen in eurem Körper.

Denn eure Seele kennt keine Emotionen, eure Seele kennt nur diese göttliche Liebe und die göttliche Einheit. Und Emotionen sind wichtig, doch in der Einheit mit Körper und Seele beginnt das Fließen, beginnt die Liebe, sich in jeder Zelle auszudrücken und darüber hinaus beginnt ihr euren Seelenplan auszudrücken, euren Seelenplan zu leben.

Innere Harmonie ist die Verbindung, innere Harmonie ist das Gleichgewicht zwischen dem Tun und Nichtstun. Denn alles, was geschieht, geschieht aus dem Resonanzprinzip, und mit dem "Friede sei mit dir!" könnt ihr das Resonanzprinzip erlösen und die Fülle und die Kraft der Liebe in jedem Atemzug leben.

So kommt ihr immer tiefer bei euch an. Und mit dem Frieden werdet ihr gehört, werdet ihr sichtbar. Und ihr werdet mehr und mehr zu den Lichtboten auf der Erde.

Es sei noch einmal gesagt, die innere Harmonie verdrängt nichts! Die innere Harmonie durchleuchtet immer alles und lässt euch in jedem Atemzug frei. Denn viele legen das Wort Harmonie auf einer ganz anderen Schiene ab. Doch in Harmonie zu sein, ist das Bewusstsein zwischen Seele und Körper zu leben.

Und jetzt, nachdem Erzengel Michael diese Energie in euch gestärkt hat, und euch diese innere Harmonie bewusst erklärt hat, schreibt auf, mit wem ihr alles Frieden schließen wollt. Schreibt es direkt hier hinter das Kapitel in das Buch hinein, damit es euch immer wieder erinnert an den Frieden, an eure innere Harmonie.

Schreibt es auf, um dann in eine Kommunikation mit den Menschen zu gehen.

Erzengel Michael liebt euch unermesslich. Tut dies. Geht in die innere Harmonie, geht in den inneren Fluss, geht in die innere Geborgenheit und lasst die große Reise zu, zu euch selbst, in der Verbindung zwischen Körper und Seele.

Und schreibt jetzt auf, mit wem ihr Frieden schließen wollt. Und durch die Kraft, die das Buch hat, geht es viel schneller.

Ich schließe Frieden mit:

Ich schließe Frieden mit:

Ich schließe Frieden mit:

Ich schließe Frieden mit:

Ich schließe Frieden mit:

Ich schließe Frieden mit:

Ich schließe Frieden mit:

Ich schließe Frieden mit:

Ich schließe Frieden mit:

Ich schließe Frieden mit:

2012 – Nehmt die Zeichen der Natur ernst, dankt dem Wasser und geht raus aus den Städten

Meine geliebten Kinder des Lichts,

Erzengel Michael ist mit euch und es ist sehr ergreifend, mit wem ihr alles Frieden schließen wollt. Was ihr aufgeführt habt, ist so wichtig und ihr werdet es merken, dass sich alle Verbindungen zu den Menschen, die ihr eingetragen habt verändern und ihr in Kommunikation gehen könnt mit den Menschen und euch wieder kraftvoll fühlen und kraftvoll verbinden könnt!

Auch wenn es einige Zeit dauern wird, so hast du es in dieses Buch hineingeschrieben, und dieses Buch ist mit immenser Kraft aufgeladen, so wird es viel, viel, viel schneller gehen. Toll, dass du es gemacht hast. Denn nur so kannst du frei werden, indem du die Geschenke annimmst und umsetzt!

In dieser Einheit geht es um die Entwicklung der Erde bis 2012.

Je mehr Strahlung auf der Erde ist, umso stärker kann sich das Wetter verändern. Und ihr habt so viel Strahlung, sei es die Handystrahlung, die Wireless Strahlung, die gesamte Elektrostrahlung, die Deckenstrahlung. All das erzeugt eine Spannung in euren Zellen, und ihr seid einer sehr immensen Vibration ausgesetzt. Denn die Strahlen vibrieren in euren Zellen, so vibrieren sie auch in den Bäumen, in der Natur, in den Tieren und vor allem auch in der Erdatmosphäre.

So kommen jetzt noch einige Versuche, um noch mehr Strahlungen in eure Häuser zu bringen, um noch mehr die Zellen zum Schwingen zu bringen, in die Spannung zu gehen und nicht in die Entspannung.

So wie Erzengel Michael es in den verschiedenen Bänden schon erklärt hat, ist diese Energie absolut nicht förderlich für euch, für euer späteres Weiterkommen lähmt euch diese Energie.

Und dass so viele, immense, wolkenbruchartige Gewitterschauer über Europa, über die ganze Welt ziehen, liegt zum einen an eurem Gedankengut, dass ihr immer schlechter über eure Mitmenschen, die Erde und an eure Ängste denkt, immer mehr. Aber es liegt auch an der Strahlung, die die Wolkenproduktion beeinflusst und eine Schicht zwischen Erde und Sonne stellt.

So wird sich auch hier in den nächsten Jahren sehr viel erlösen, sehr viel transformieren. Denn durch die HAARP-Energie die schon sehr, sehr, sehr großen Einfluss genommen hat, auf die Erdatmosphäre, können gigantische Wellen erzeugt werden, aber auch gigantische Gewitter ausgelöst werden.

Und auch der ganze Müll, der aus euren Schornsteinen kommt, aus euren Fabrikschornsteinen, aus den Flugzeugen, aus den Autos, all das verändert eure Erdatmosphäre.

Und es ist sehr wichtig, dass ihr euch mit der Natur verbindet, dass ihr die Zeichen der Natur ernst nehmt und auf die Tiere schaut. Denn so wie die Tiere sich zurückgezogen haben auf die Berge bei dem Tsunami, so ist es wichtig, dass ihr wirklich im Kontakt mit der Natur seid und spürt, was geschehen kann. So werden noch einige Erdbeben in den nächsten Jahren kommen.

Ehrt und heiligt das Wasser, denn es ist so kostbar! Ehrt jedes Glas, das ihr trinkt, immer, bedankt euch dafür, dass ihr die Möglichkeit habt, klares, reines Wasser zu bekommen und dies für euch zu nutzen. Denn wenn ihr nicht aufpasst, wird das Wasser teurer als Gold gehandelt und ihr habt alles in der Hand.

Gebt den Mächten nicht die Verantwortung ab, sondern wenn ihr segnet, wenn ihr das Wasser segnet, wenn ihr euch bedankt, dann kann es auch immer, immer, immer da sein.

Und geht behutsam mit dem Wasser um, denn ihr seid immer noch so verschwenderisch mit dem Wasser, setzt es wirklich bewusst ein. Und segnet, segnet es.

Die Gletscher schmelzen gewaltig. Auch hier ist es wichtig, nicht wegzugucken, sondern hinzuschauen, dass der Meeresspiegel steigt.

Doch es ist wichtig, nicht in die Angst zu gehen, sondern lasst euch von der Natur leiten, schaut auf die Zeichen der Natur, schaut auf die Zeichen der Tiere und alles wird gut. Übernehmt die Verantwortung, teilt euch Autos und geht wieder in Gemeinschaften zusammen, denn da ist die Unterstützung miteinander am größten, und die Würde eines jeden einzelnen Mitglieds der Gemeinschaft wird respektiert und akzeptiert.

So kommen auch mehr und mehr Winde, weil die Erdatmosphäre sich verändert.

Und wir wollen, dass jedes Lebewesen mit der Mutter Erde glücklich ist und wenn ihr in der inneren Harmonie seid, seid ihr glücklich und setzt euch ein für das Leben auf der Erde. Und es ist wichtig, dass ihr euch nicht versteckt, sondern dass ihr die Zeichen, die Mutter Erde euch zeigt, ernst nehmt. Geht in den Wald und hört den Bäumen zu. Umarmt einen Baum und lasst euch erzählen von dem was sich seitdem er dort steht verändert hat. Geht in den Wald und atmet die Luft ein und lasst diese Kraft jede Zelle spüren. Und hört den Vögeln zu, welches Lied sie euch singen.

Lasst die Zerstörung durch die Chemtrails nicht mehr länger zu. Denn es wird immer stärker geflogen, andere Zusammensätze genommen und wir tun, was wir können, um die Dinge zu eliminieren, zu transformieren. Ihr seid alle aufgerufen, auch weiterhin mit dem Anandara Symbol zu arbeiten und weiterhin mit der Kraft eures Herzens den Himmel wieder blau zu bekommen.* Einfach mit der Vision von einem blauen Himmel. Doch ihr alle schafft es, auf der Erde zu bleiben, es ist nur wichtig, mit wachen Augen auf der Erde zu wandeln, dass ihr genau zur richtigen Zeit am richtigen Ort seid. Immer!

Und achtet immer mehr auf die Aktivitäten eures Lebens, schaut dass ihr immer mehr mit der Erde lebt und nicht gegen die Erde lebt. Beim Einsatz von euren Nahrungsmitteln, beim Einsatz von Waschmitteln, beim Tragen eurer Kleider, schaut immer, dass ihr mit der Erde lebt und nicht gegen die Erde.

Und die Meere sind schon so verseucht und ihr, die ihr bewusst das Leben lebt, setzt ein Zeichen dafür, dass die Meere wieder rein werden und dass die Meere sich wieder erholen können von diesem Schmutz und von dem Müll, der in den Meeren versenkt wird.

---

* Erzengel Michael hat in Band 3 das Anandara-Symbol veröffentlichen lassen, das die Atmosphäre von chemischen Substanzen reinigt. Siehe Anhang Seite 202.

So dankt wirklich dem Meer für das Wasser, das fließt und dass ihr in einem Land lebt, wo immer und immer noch das Wasser einfach da ist.

Und versucht, immer mehr Quellen ausfindig zu machen, um euer Wasser auch selbständig, auch ohne Kontrolle des Wasserversorgers zu bekommen.

Es ist gut, immer auch in der Nähe einer Wasserquelle zu leben oder auch nach der Wasserquelle auf eurem Grundstück zu forschen. Denn dann seid ihr mehr und mehr autark und nicht mehr abhängig von den ganzen Wasserproben und chemischen Zusätzen eures Wasserversorgers.

So ist es auch wichtig, immer mehr die Wasserkraft, die Windkraft und die Solarkraft einzusetzen, um Strom zu produzieren und auch immer mehr die Forschung der freien Energie zu nutzen. Denn es gibt schon freie Energiemaschinen! Und seid achtsam, wenn ihr recherchiert, seid achtsam, wenn ihr mit den Menschen darüber sprecht, denn dadurch wird sich noch mal mehr alles verändern.

Der Zwischenfall in den Atomkraftwerken zeigt euch, wie unsicher ihr lebt, und wie unsicher diese Werke sind. Und ihr alle habt dieses Wissen jetzt bekommen, um zu entscheiden, was ihr leben wollt.

Ihr seid uns wichtig, ihr liegt Erzengel Michael sehr am Herzen, jedes Lebewesen und Mutter Erde, dieser wundervolle Planet der Transformation und dieser wundervolle Planet der Entwicklung liegt uns auch sehr am Herzen. Und ihr schafft es gemeinsam, nur gemeinsam mit der Erde und deshalb, wenn es euch möglich ist, geht raus aus den Städten, wohnt nicht in den Städten, denn dort ist die Strahlung und die Gedankenmanipulation am stärksten.

Aber das hat euch Erzengel Michael schon so oft in den vergangenen Channelings von Band 1, Band 2, Band 3 gesagt. Und hier sei noch einmal gesagt: Erzengel Michael ist nicht darauf aus, euch in Angst zu versetzen, Erzengel Michael möchte euch die Herzen öffnen und dass ihr auf die Zeichen der Natur und der Erde achtet und eure Wahrnehmung wieder schult für das, was bereits seit 2001 auf der Erde geschehen ist und mit Mutter Erde passiert. Und dass ihr euch aus der Abhängigkeit löst und wieder viel mehr eure innere Weisheit, eure innere Vision sprechen lasst und eurer Energie glauben schenkt.

Doch es ist sehr sichtbar für euch, dass die Erde in einem sehr großen Transformationsprozess ist und das wird noch mehr zunehmen. Deshalb achtet auf die Zeichen, die die Erde euch gibt, die die Natur euch gibt, die die Bäume euch geben und die Tiere. Achtet darauf und geht raus aus den Städten und spürt euch wieder, spürt wieder eure Lebenskraft.

Erzengel Michael segnet euch. Lasst euch ein auf die Tiefe eures Herzens und wirkt durch euer Vertrauen zu Mutter Erde.

Die göttliche Vollendung ist, mit dem höheren Selbst zu kommunizieren, Technik von Erzengel Michael zur Kommunikation mit dem höheren Selbst

Meine geliebten Kinder des Lichts,

Erzengel Michael ist mit euch und das was in der letzen Einheit gesagt wurde, über die Veränderung auf der Erde, es ist wichtig, dass ihr das wisst. Es ist wichtig, dass ihr das annehmt und erkennt und nicht in die Angst geht, sondern in die Freiheit, mit eurem Vertrauen und mit dem Ruf eures Herzens.

Erzengel Michael ist heute gekommen, um euch in die göttliche Vollendung einzuweihen. Denn die göttliche Vollendung ist der Schlüssel zum Leben. Die göttliche Vollendung ist die Kraft eures Lebens und die göttliche Vollendung ist, keine Anhaftung mehr zu haben, keine Süchte, und vor allem keine Trennung zwischen dir und deinem göttlichen Potenzial. Und dass ihr immer mehr eintaucht in die göttliche Vollendung und dass ihr diese göttliche Vollendung wieder lebt.

Ihr habt in den letzten Einheiten so viel erfahren über euch, über Frieden schließen, über die Kundalini, und so viele Techniken und Geschenke bekommen, dass wir euch jetzt die Kraft und die Einweihung geben, mit eurem höheren Selbst zu kommunizieren. Denn das ist die göttliche Vollendung, mit eurem höheren Selbst in Frieden und Liebe zu kommunizieren, es zu befragen, und mit ihm immer tiefer eins zu werden.

Technik von Erzengel Michael zur Kommunikation mit dem höheren Selbst

Setze dich gerade hin, die Beine nicht über Kreuz, und sprich neun Mal: OM YAMATI, OM YAMATI, OM YAMATI, OM YAMATI, OM YAMATI, OM YAMATI, OM YAMATI, OM YAMATI, OM YAMATI.

Bitte jetzt um den Kontakt zu deinem höheren Selbst. Und schau was geschieht, welche Lichtkraft du empfängst, welche Töne und welche Musik du empfängst und vor allem welche Energie du von deinem höheren Selbst empfängst.

Und dann kannst du mit ihm in Kontakt gehen, kannst es befragen, immer und immer wieder. Mit deinem höheren Selbst zu kommunizieren, mit deinem höheren Selbst in Kontakt zu sein, ist die größte Liebe für Mutter Erde und für den Kosmos.

Und es strömt goldenes Licht vom höheren Selbst in dein Kronenchakra hinein und erwarte nichts und alles wird kommen.

In den nächsten Minuten mache diese Übung. Setze dich hin, spreche neun Mal das Mantra.

Und auch hier sind gleich Seiten im Buch frei, in die du etwas hineinschreiben kannst, deine Erfahrungen mit dem höheren Selbst oder auch das Gespräch mit dem höheren Selbst. Schreibe es hinein mit dieser besonderen Kraft. Denn diese göttliche Vollendung, diese Feier, diese göttliche Freude ist so wichtig.

Und Erzengel Michael geht es darum, dass keiner besser oder schlechter ist auf Mutter Erde. Ihr seid alle in eurer Entwicklung, alle. Solange ihr einen Körper besitzt, ist Entwicklung da. Immer, immer, immer, immer! Und das solltet ihr niemals vergessen. Natürlich gibt es höher entwickelte Menschen, die einem behilflich sind, auch in diese höhere Entwicklung zu kommen. Doch Entwicklung hört niemals auf, solange ihr einen Körper besitzt, solange ihr atmet, hört Entwicklung niemals auf.

Deshalb jetzt auch diese Einweihung, diese Geschenke in Band 7, dass ihr, die ihr dieses Buch lest, die Kraft weiter bringt, dass ihr den Menschen berichtet, dass ihr eure Erlebnisse aufschreibt und weitergebt. Denn so viele Menschen dürft ihr erreichen, so viele Menschen dürfen in ihre Kraft kommen.

Und auch jetzt dieses Geschenk, die göttliche Vollendung, mit eurem höheren Selbst Kontakt aufnehmen zu dürfen, ist ein wunderbares Geschenk und eine wunderbare Entwicklung. Mehr und mehr mit euch in Frieden zu sein, mit der inneren Harmonie zu sein.

Und ihr werdet es jetzt mehr und mehr merken, dass dieses Buch ein Einweihungsbuch ist, ein Einweihungsweg von der ersten Einheit bis jetzt zu der neunten Einheit, ist es ein Einweihungsbuch, um euch immer tiefer mitzuteilen, wie sehr wir euch lieben und wie sehr ihr euch lieben dürft für euer Leben.

Und ihr könnt immer, wann immer ihr es wollt, mit eurem wunderbaren höheren Selbst in Verbindung gehen. Mit diesem Mantra habt ihr den direkten Draht dazu, öffnet sich das höhere Selbst.

Und jeder, jedes Lebewesen nimmt es verschieden wahr. Der Eine nimmt es durch Strahlen wahr, durch Hitze, durch Musik, der Andere durch ein Gespräch, der Andere malt Bilder. Alles ist möglich, damit es euch auf Mutter Erde und mit Mutter Erde besser geht und ihr im Einklang mit Mutter Erde seid, und im Einklang mit dem großen Ganzen, mit Gott und mit dem gesamtem Kosmos.

Nun schreibt auf, was ihr jetzt in der Meditation erlebt, schreibt auf, was euch zuteil wird. Hier ist ganz viel Platz gelassen im Buch, um euer Vertrauen zu stärken, um eure Liebe zu stärken und eure Kraft.

Erzengel Michael liebt euch unermesslich. Göttliche Vollendung ist der Kontakt zu eurem höheren Selbst und mit eurem höheren Selbst zu kommunizieren und mit ihm in Einheit zu sein.

Gespräche und Erfahrungen
mit meinem höheren Selbst:

Gespräche und Erfahrungen
mit meinem höheren Selbst:

Gespräche und Erfahrungen
mit meinem höheren Selbst:

Gespräche und Erfahrungen
mit meinem höheren Selbst:

Gespräche und Erfahrungen
mit meinem höheren Selbst:

Gespräche und Erfahrungen
mit meinem höheren Selbst:

Gespräche und Erfahrungen
mit meinem höheren Selbst:

Gespräche und Erfahrungen
mit meinem höheren Selbst:

Gespräche und Erfahrungen mit meinem höheren Selbst:

Gespräche und Erfahrungen
mit meinem höheren Selbst:

Lichtkörperprozess und Lichtnahrungsprozess ab 2011

Meine geliebten Kinder des Lichts,

Erzengel Michael ist mit euch. Wie kraftvoll ihr im Kontakt seid mit eurem höheren Selbst, wundervoll!

Und das könnt ihr jeden Tag machen, wann immer ihr es wollt, geht in Kontakt, spürt die Kraft, spürt die Umarmung und geht immer tiefer in den Frieden und in die innere Harmonie.

Erzengel Michael ist heute gekommen, um in dieser Einheit über den Lichtkörperprozess und den Lichtnahrungsprozess zu sprechen.

So oft wird Erzengel Michael gefragt, ob er nicht einfach die Lichtkanüle legen kann, damit die Abhängigkeit von den Nahrungsmitteln aufhört. Diese Aktivierung und Einsetzung der Lichtkanüle braucht eine tiefe, tiefe Einweihung in eure Seele, in euren Körper, damit ihr euch dessen bewusst seid, was geschieht und ihr sie auch behaltet. Das ist so ein tiefer und großer Einweihungsweg, der Lichtnahrungsprozess, der nicht nach drei Wochen, nach 21 Tagen abgeschlossen ist, sondern der das ganze Leben geht, und es kommen ganz tiefe, tiefe Prozesse hoch und raus, wenn ihr von Licht, von Licht lebt und durch den Einweihungsprozess geht, um immer eure Lebenskraft zu erfahren.

Es ist sehr wichtig, dass ihr trinkt. In der heutigen Zeit ist es sehr wichtig, dass ihr viel, viel Wasser trinkt für eure Zellen, dass ihr viel Flüssigkeit zu euch nehmt und durch Fasten auch euren Körper entgiftet.

Und es werden Tage kommen, wo Erzengel Michael euch einweihen darf in den Lichtnahrungsprozess. Wo Erzengel Michael euch die Kanüle legen darf, um euch diese Tiefe und Gnade wieder zurückzugeben.

Und die Vorbereitung, um die Kanüle immer aktiviert zu bekommen, immer auch in ihrem Prozess zu bleiben, ist der Lichtkörperprozess, in dem alle Chakren vertikalisiert werden und dann kann die Kanüle auch richtig arbeiten. Der Lichtkörperprozess ist die Vorbereitung, die Erlösung so vieler Ängste, er ist auch die Manifestationsfähigkeit, immer wieder Licht zu tanken. Denn mit jeder Einweihung in den Lichtkörperprozess, mit jeder Chakra-Vertikalisation wird deine Gedankenkraft um das tausendfache stärker.

Und wir wollen, dass so viele Menschen wie möglich von dem Lichtkörperprozess erfahren, um dann vorbereitet zu sein auf die Lichtenergie, auf die kraftvolle Lichtkanüle, die wir euch ab 2011 setzen dürfen.

Für manche Menschen ist es auch wichtig für die Erdung, zu essen. Und Erzengel Michael sagt auch immer zu Natara: "Du sollst essen, damit du nicht verbrennst, damit du die hohen Energien, die wir durch dich auf die Erde bringen wollen, auch weiterhin bringen können."

Und für viele Menschen ist es ein neuer Weg, sich von den Essgewohnheiten, von den Ess-Süchten, von der Zuckersucht zu verabschieden durch den Lichtnahrungsprozess.

Doch der Weg, den ihr vorher gehen dürft, ist der Lichtkörperprozess, in dem alle Chakren, alle 12, und dann weiter bis 24, gereinigt, angedreht, vertikalisiert werden, um schon den Körper und auch die Chakren frei zu putzen.

Und danach können wir euch ab 2011 die Lichtkanüle in das Rückenmark setzen. Und er ist sehr liebevoll und klar dieser Prozess und durch Natara sind so viele kraftvolle Lehrer und Trainer ausgebildet worden, die diese Energie mittlerweile weltweit mit Menschen erfahren dürfen.*

---

* Im Anhang dieses Buches auf Seite 203 findest du eine Auflistung einiger Lichtkörperprozess-Trainer, die nach Natara ausgebildet worden sind.

Der Beginn ist der Lichtkörperprozess und dann folgt der Lichtnahrungsprozess in einer Einweihung, die wir durch Natara 2011 euch dann geben. Und der Lichtnahrungsprozess ist nichts für Jugendliche, für Kinder, erst wenn sie voll ausgereift sind, wenn der Körper voll entwickelt ist, könnt ihr den Lichtnahrungsprozess erfahren.

Und auch die göttliche Vollendung, das höhere Selbst zu spüren und auch die Verbindung zum höheren Selbst zuzulassen, ist ein wichtiger Schritt, um den Lichtnahrungsprozess einzuladen.

Und es ist sehr wichtig, ihn in Begleitung zu gehen und zu machen. Nicht alleine, sondern in Gemeinschaft und in Begleitung. Und wir schulen gerade Natara, damit er gut für diese Kraft eingeweiht ist, dass diese Kraft durch seinen Körper fließen kann, für euch.

Erzengel Michael möchte, dass ihr immer heiler und immer kraftvoller auf Mutter Erde seid, und dass ihr euch wirklich von der Vergangenheit befreit.

Denn ihr durchlebt immer wieder die Vergangenheit in euren Beziehungen, in eurem Leben, immer wieder, immer wieder die Vergangenheit und jetzt ist die große Chance, in dieser Kraft, in dieser transformatorischen Energie, die jetzt der Erde und euch zuteil wird, euch absolut zu befreien und euch ins Vertrauen, in die Liebe und in die göttliche Vollendung fallen zu lassen. Für eure Kinder, dass ihr für eure Kinder einen neuen Weg frei macht, dass sie nicht mehr mit dem Vergangenen konfrontiert werden, sondern direkt in die Einheit gehen können, denn sie kommen aus der Einheit. Und sie sollen und werden in dieser Einheit bleiben.

Es gab sehr viele Menschen auf der Erde, die den Lichtnahrungsprozess durchlebt haben, und es gibt immer noch viele Menschen, die ihn machen wollen. Und so auch Hildegard von Bingen und so auch andere erwachte Menschen, die euch dies vorgelebt haben, ohne Nahrung auszukommen. In tiefer Meditation, in tiefem, tiefem Verlangen in das Einheitsbewusstsein mit Gott zu kommen.

Und jetzt ist es an der Zeit, dass ihr diesen Lichtnahrungsprozess in euren Alltag integrieren könnt und auch alle Kräfte zur Verfügung habt und euch alles, alles zuteil wird.

So geht immer mehr in eure Glückseligkeit, in das, was euch glücklich macht, und der Lichtkörperprozess lädt dich ein, ganz zu werden, lädt dich ein, alles zu erlösen.

Und wir laden dich auch ein, wirklich ganz zu werden, laden dich ein, Rückschau zu halten und Frieden zu schließen mit allem, was geschehen ist, um voranzukommen, um nach vorne zu schauen, um in deine Kraft zu schauen und dir dessen bewusst zu werden, dass du alles, alles mit deiner Lebenskraft und mit deiner Liebeskraft erreichen kannst.

Nimm dir jetzt noch mehr Zeit, mit deinem höheren Selbst in Kontakt zu kommen, und wisse, du bist das Licht und du bist die Liebe und du bist das Vertrauen.

Erzengel Michael liebt dich unermesslich.

Die neuen Kinder:
ihre Liebe, ihre kristalline DNA, ihre Reaktion auf Psychopharmaka und auf Computerspiele

Meine geliebten Kinder des Lichts,

wie wundervoll, dass ihr weiterlest, dass ihr immer mehr Freiheit schöpft, und dass ihr immer mehr Frieden schließt mit euch selbst. Denn Frieden ist der Anker des Lichts. Frieden ist der Bote der Liebe und es wird eine Zeit kommen, und schon sehr bald wird diese Zeit da sein, in der ihr Liebe erfahrt auf Mutter Erde, in der ihr zusammen Liebe erfahrt, in Freude, in Gelassenheit und in Schönheit leben könnt.

Zurzeit ist alles noch auf die Vergangenheit ausgerichtet. Ihr schöpft eure Kraft, eure Niederlagen aus der Vergangenheit. Doch setzt euer Ziel in die Zukunft und schließt Frieden mit eurer Vergangenheit, mit eurer Schönheit, und sagt "Ja!" zum Leben, sagt "Ja!" zu eurem Lebensglück.

Heute ist Erzengel Michael zu euch gekommen, um euch von der Liebe der neuen Kinder zu berichten, die von ihnen ausgeht.

Denn die Kinder, die jetzt kommen, egal ob Kristallkinder, Regenbogenkinder oder auch Indigokinder, sie haben einen ganz bestimmten Auftrag, und diese Kinder wollen, dass ihr die Vergangenheit loslasst, dass ihr Frieden schließt mit der Vergangenheit. Diese Kinder leben aus der Kraft der Zukunft und nicht mehr aus der Kraft der Vergangenheit. Diese Kinder sind offen, rein und leben ihre Freiheit bedingungslos. Deshalb setzt sie nicht unter Druck, gebt ihnen Raum und vor allem, gebt ihnen die Liebe, die sie brauchen.

In eurer Zeit auf der Erde leben eure Schulen, eure Kindergärten noch immer aus der Kraft der Vergangenheit, doch das ist nicht mehr das Ziel, das ist nicht mehr die Energie, die in den Kindern fließt und wir beginnen immer mehr, euch neue Formen des Zusammenlebens erfahrbar werden zu lassen auf der Erde.

Und für die neuen Formen des Zusammenlebens braucht es neue Schulen, braucht es neue Räume, wo die Kinder das Leben erfahren können, in Liebe, in Würde und in Respekt vor allen Lebewesen.

Warum geschehen jetzt so viele Amokläufe, so viel Gewalt in den Schulen? Weil euch die Kinder, und auch die Jugendlichen, den Ausdruck zeigen wollen, dass sie nicht mehr mit der Vergangenheit klar kommen und nicht mehr aus der Kraft der Vergangenheit leben wollen, sondern aus der Kraft des Neuen, aus der Kraft des Jetzt.

Und diese Kraft, die diese Kinder mitbringen, braucht einen Schutz, braucht eine Würdigung, damit das, was diese Schüler ausdrücken mit ihren Gewaltakten, aufhört.

In diesen Gewalttaten, die die Kinder jetzt in der Vergangenheit verrichtet haben in den Schulen, stecken ganz viel Verzweiflung, ganz viele Schocks, aber auch Psychopharmaka, die dieses bewirken können.

Gebt diesen Kindern keine Psychopharmaka, denn sie haben eine ganz andere Stoffwechselenergie mitgebracht. Sie haben eine vergrößerte Leber. Durch die ganzen schwächenden Stoffe, die es in eurer Nahrung gibt, haben sie schon ein anderes Organ, das vergrößert ist, um diesen ganzen Ballast zu verändern, um mit den ganzen Nahrungsmitteln, mit dem ganzen Zucker und mit allen veränderten Nahrungsmitteln auch Frieden zu schließen. Deshalb haben diese Kinder auch eine vergrößerte Leber, damit sie diesen schädigenden Ballast nicht im Körper behalten.

Und auch das ist wichtig, dass ihr Eltern das wisst und dass ihr keine Angst habt, wenn bei einer Untersuchung diese Energie der vergrößerten Leber festgestellt wird. Das braucht ihr nicht.

Und diese neuen Kinder, die jetzt auch schon 18 oder 19, 20, 25 oder auch schon 30 Jahre auf der Erde leben, wollen auch einen neuen Beruf erlernen, wollen nicht die Berufe der Vergangenheit. Deshalb werden immer mehr Plätze des Lichts entstehen, wo diese neue Generation wirken kann, wo sich diese neue Generation voll auf ihr Potential einlassen kann und dort in Frieden leben kann.

Und ihr, liebe Eltern, die ihr diese wundervollen Seelen auf die Erde gebracht habt durch einen Seelenvertrag, gebt den Kindern den Raum, dass sie sich bei euch in Liebe fallen lassen können und vertraut diesen wundervollen Seelen. Ihr könnt so wachsen, liebe Eltern, an diesen Seelen, denn sie bringen so eine große Liebe, so eine große Freiheit und so ein großes Potenzial der Heilung mit.

Und natürlich ist es schwierig für euch, wenn sie nicht das tun, was ihr wollt, liebe Eltern, doch gebt ihnen den Raum, sich zu entfalten. Redet mit ihnen, wie mit Erwachsenen. Redet ganz normal mit euren Kindern, und zeigt ihnen, wie sehr ihr sie liebt, wie dankbar ihr seid, dass sie zu euch gekommen sind, und zeigt ihnen, wie berührbar ihr seid, weint zusammen, lacht zusammen, erlebt die Natur zusammen, und wirklich lasst euch ein auf diese Reise, denn diese neuen Kinder sind so verzweifelt, wenn man ihre Kraft und ihre Schönheit nicht sieht.

Eine wichtige Information für euch ist, dass sie auch eine veränderte DNA haben, eine kristalline DNA. Diese kristalline DNA ist viel widerstandsfähiger gegenüber der Strahlung, die zur Zeit auf eurem Planeten der Erde herrscht, aber auch gegenüber den Krankheiten aus der Familie, gegenüber den Krankheiten, die es zur Zeit bei euch auf der Erde gibt. Und diese kristalline DNA stärkt und schützt die Zelle, vor allem das Immunsystem, und stärkt auch das Hormonsystem. Denn auch bei diesen Kindern sind die Hormone stark verändert, die Hormonzusammensetzung in den Organen ist stark verändert.

Deshalb zeigt ihnen, dass ihr Eltern für die neuen Kinder da seid, dass ihr sie annehmt, so wie sie sind, und dass ihr sie aus tiefstem Herzen liebt, auch wenn sie schreien, wenn sie eure hundertprozentige Aufmerksamkeit wollen, wenn sie wollen, dass ihr ganz für sie da seid, damit sie euch die ganze Liebe und die ganze Freude zurückgeben können.

Und sie fordern euch heraus, um eure Herzenstür zu öffnen, denn ihr Herz ist so bedingungslos groß und so voller Freude und immer ausgerichtet auf das Neue, auf die Zukunft und nicht auf die Vergangenheit.

Das ganze System für die neuen Kinder ist aus der Vergangenheit entstanden, und deshalb geben wir euch in den nächsten Jahren die Informationen für neue

Schulen, neue Kindergärten, neue Formen des achtsamen Erfahrens im Leben durch, damit diese Kinder in Freude und in Würde auf Mutter Erde leben dürfen und können.

Und es spielt keine Rolle mehr, ob Indigokind, Kristallkind oder Regenbogenkind. Sie alle sind jetzt auf Mutter Erde da, um den Wandel zu vollziehen, um die Energie mit anzuheben und dass die Freude aus eurem Herzen wieder gelebt wird auf Mutter Erde.

Diese Taten der Verzweiflung, die in eurem Land in 2009 geschehen sind, sollen euch wirklich die Augen öffnen, um nicht weiter in Angst und nicht weiter in Macht zu lehren. Und sie sollen euch zeigen, wie zerbrechlich die neuen Wesen sind, und was alles entstehen kann durch die Computerspiele, die Gewaltspiele, aber auch durch Medikamente, die hier auch eindeutig im Spiel waren.

Und schickt diesen beiden Jungs Frieden, schickt ihnen Liebe, Leichtigkeit, damit sie aus dem Leid, das sie selber ertragen haben, wieder herauskommen. Geht nicht in die Vergeltung, geht nicht in den Hass, sondern schickt Liebe und schickt Vergebung.

Erzengel Michael ist so dankbar, dass ihr diese Worte lest, dass ihr diese Liebe annehmt, und dass ihr diese Informationen verbreitet, damit euch wirklich bewusst wird, was in eurem Leben passiert und damit eure innere Kraft immer mehr zum Vorschein kommt.

Und Erzengel Michael möchte euch ermutigen, eurer inneren Weisheit und eurer inneren Tiefe immer mehr zu vertrauen.

Denn ihr seid solche wundervollen göttlichen Wesen. Lebt eure Mission und lasst euch nicht schocken und lähmen von dem, was jeden Tag passiert auf Mutter Erde, sondern tragt euer Herz weiter offen für euch selbst und für die Welt. Denn damit setzt ihr Zeichen, indem ihr Liebe verbreitet, Liebe lebt, Liebe seid in jedem Atemzug. Und ihr braucht viel Liebe. Ihr braucht viel Mut, um in dieser Zeit verbunden zu bleiben mit der Liebe, überall wo ihr seid. Doch die Liebe heilt alles, und die Liebe ist die größte Kraft im ganzen Universum.

Und in den Schulen, in den Einrichtungen für Kinder fehlt die Liebe, fehlt das Bewusstsein der Gemeinsamkeit und fehlt die innere Ordnung, die innere Sicherheit, das Vertrauen. Und wenn ihr, liebe Eltern, euch dazu entscheidet, euch selbst zu lieben, euch selbst wahrzunehmen, aber auch alle alleinerziehenden Mütter und Väter, wenn ihr aus dieser Verletzung raus geht, und die Liebe lebt, für das, was euch der Kosmos geschenkt hat mit diesen Wesen, dann seid ihr absolut frei und gebt eurem Kind diese innere Gelassenheit und die innere Liebe mit.

Eure neuen Kinder wollen euch auch neu gebären, eure neuen Kinder wollen euch zeigen, dass die Vergangenheit keine Kraft mehr hat für sie und dass sie aus diesem JETZT, aus der Liebe und aus der Zukunft leben.

Und deshalb seid achtsam. Euer inneres Kind wartet schon so lange darauf, wieder mit euch das Leben zu teilen.

Erzengel Michael liebt euch unermesslich. Seid wachsam bei jedem Atemzug und begreift, dass ihr selber immer mehr Abschied nehmen dürft von der Vergangenheit.

Die Energie von Urteilen und die Erlösung der Vergangenheit

Meine geliebten Kinder des Lichts,

Erzengel Michael ist mit euch. Ihr seid so kraftvolle Wesen, ihr seid so wundervoll.

Nehmt eure Göttlichkeit an. Nehmt eure Schönheit an und lasst die Vergangenheit los, denn wenn ihr die Vergangenheit loslasst, könnt ihr das neue Leben, könnt ihr Kraft erfahren, und die neue Vision in eurem Herzen ganz erleben.

Erzengel Michael ist an diesem Abend zu euch gekommen, um euch über die Energie von Urteilen zu lehren. Denn wenn du in der Vergangenheit und aus der Vergangenheit lebst, wirst du immer urteilen.

Urteile bringen dich nicht weiter in deinem Leben. Urteile sind Teile aus deiner Vergangenheit, aus der Ur-Zeit und deine Vision ist zeitlos.

Du bist auf die Erde gekommen, um deine Vision zu leben, ohne Urteil. Und du verurteilst dich so stark, dadurch dass in der Schule, im Kindergarten, ja sogar im Mutterbauch deine Entwicklung beurteilt wird. Du lebst aus der Vergangenheit heraus in Urteilen, du wirst beurteilt und du verurteilst dich selbst.

Deshalb beginne, Abschied zu nehmen von deinem Urteil. In dieser Zeit, wo die Jugend geprägt wird von dem Schönheitswahn, makellos zu sein, dünn zu sein, diese oder jene Kleidung anzuhaben, ist es so wichtig, dass du frei bist davon, deinen Körper und deine Familienmitglieder, deine Nachbarn, deine Politiker in deinem Land zu verurteilen.

Denn Urteile wirken aus der Vergangenheit. Und die Energie wächst und wächst auf eurem Planeten, sie wird immer höher und bringt alles zum Vorschein, alles wird durchlichtet. Alles kommt in die Wahrheit und dann braucht es kein Urteil mehr.

Denn das Urteilen hält dich davon ab, dich selbst zu lieben, hält dich davon ab, dich ganz in deiner Kraft zu erfahren und hält dich von deiner Göttlichkeit ab.

Deshalb beginne, Frieden, Frieden, Frieden zu leben, damit du frei wirst. Alles ist auf der Energie von Urteil aufgebaut und Urteil bringt Unsicherheit. Urteil ist immer in der Vergangenheit und aus der Vergangenheit und deshalb sagt Erzengel Michael so eindringlich:

"Löse dich von der Vergangenheit, schließe Frieden und bringe Licht in deine Vergangenheit, damit das Urteil zur

Liebe wird."

Alles geht jetzt viel schneller und das Urteil hat keine Kraft mehr, wenn ihr die Vergangenheit erlöst.

Und jetzt mache dir Gedanken, wir lassen einige Seiten in diesem Buch frei, wo du noch urteilst, wen du noch verurteilst und für was. Damit dir wirklich bewusst wird, wo du noch die Vergangenheit lebst und wo du noch urteilst. Damit dir bewusst wird, was du verändern kannst, damit dir bewusst wird, was du lösen kannst und damit dir bewusst wird, was du verändern kannst, um ganz in deiner Göttlichkeit zu sein. Damit du dich ganz dem Leben hingeben kannst.

Und somit schreibe auf, wo verurteilst du noch. Das ist ein sehr wichtiger Prozess jetzt, wir lassen einige Seiten frei und dann kommen die nächsten Botschaften von Erzengel Michael.

Wo urteile ich noch?

Wo urteile ich noch?

Wo urteile ich noch?

Wo urteile ich noch?

Wo urteile ich noch?

Wo urteile ich noch?

Wo urteile ich noch?

Wo urteile ich noch?

Wo urteile ich noch?

Wo urteile ich noch?

Die Transformation von Urteilen, Technik von Erzengel Michael zur Erlösung von Urteilen

So, meine geliebten Kinder des Lichts,

Erzengel Michael dankt euch für euren Mut, für eure Gnade und für eure innere Heilung, dass ihr so offen seid zu euch und dass ihr Frieden schließt, dass ihr den Mut habt, wirklich euch Gedanken zu machen über euer Urteil.

Erzengel Michael gibt euch eine Technik, mit der ihr alle Urteile erlösen könnt, die aus der Vergangenheit noch in euren Zellen gespeichert sind.

Technik von Erzengel Michael zur Erlösung von Urteilen aus der Vergangenheit

Ihr dürft neun Mal hintereinander sagen: "Ich bin bereit zu lieben, ich bin bereit zu lieben, ich bin bereit zu lieben, ich bin bereit zu lieben, ich bin bereit zu lieben, ich bin bereit zu lieben, ich bin bereit zu lieben, ich bin bereit zu lieben, ich bin bereit zu lieben."

Und das auf neun aufeinanderfolgenden Tagen sprechen.

Dann lösen sich die Urteile aus der Vergangenheit in jeder Zelle auf.

Und damit auch die Todesurteile, die ihr so im Laufe eures Lebens gesagt bekommt. Wenn ihr eine schwere Krankheit durchlebt, wenn ihr Diagnosen bekommt, so denkt ihr oft: "Das ist das Todesurteil!" Doch wenn ihr es annehmt und eure Kraft mit Liebe verbindet, kann sich alles wenden, alles.

Erzengel Michael ist so dankbar, dass ihr diesen Lichtweg geht, dass ihr euch aufmacht, dass ihr bereit seid, eure Schönheit ohne Urteil, eure göttliche Schönheit ohne Urteil anzunehmen.

Und gebt diese wundervolle Technik auch den Kindern, den Jugendlichen, die so von Urteilen erdrückt werden, wie ihr Körper auszusehen hat. Gebt ihnen diese wundervolle Energie, damit sie aufhören, ihren Körper und damit auch ihre Seele abzulehnen.

Und auch die Zellen werden jetzt frei durch diese wundervolle Erlösungsarbeit.

Und ihr könnt dieses auch länger machen als neun Tage. Doch neun Tage braucht es, bis die Information in die Zellen geht. Doch ihr könnt dieses "Ich bin bereit zu lieben" auch länger machen, bis ihr wirklich spürt, jetzt ist die Veränderung da.

Und auch viele Krankheiten stellen sich ein in euren Zellen, euren Körpern, durch das Urteilen. Wenn eine Zelle ständig hört: "Ich bin dies …, ich bin das …, ich bin zu …", macht sie sich irgendwann selbstständig und hört nicht mehr auf den Körper und dient nicht mehr dem Körper, sondern entartet, wie ihr es auf der Erde nennt.

Und auch durch viele Schocks in eurer Kindheit entstehen Urteile, doch mit dieser wundervollen

Energie, die wir in diesem Buch manifestieren, findet Erlösung statt, findet Reinigung statt, und findet die Liebesübertragung für jedes Lebewesen statt.

Und Erzengel Michael möchte euch ermutigen, möchte euch euren göttlichen Glanz wieder zurückgeben, ohne Urteile. Seid einfach da in göttlicher Liebe, damit eure Kinder das nicht erleben müssen, und damit eure Nachkommen das nicht erleben müssen.

Denn Urteil entsteht aus dem Mangel der Vergangenheit und ihr seid davon jetzt befreit. Ihr seid davon jetzt erlöst von diesem Urteil und das ist ein ganz wichtiger Schritt für die kommende Zeit: Liebe senden, Liebe ausstrahlen, und jedem Menschen einen guten Gedanken senden, Liebe leben und anerkennen, euer Leben anerkennen, das Leben eines jeden Lebewesens anerkennen.

Die Transformation von Urteilen ist "anerkennen". Und jetzt schreibt auf, was ihr alles anerkennt, was ihr alles in euch und in eurem Leben, und in eurer Familie und in eurer Arbeit, was ihr und wen ihr alles anerkennt, damit ihr seht, wie Transformation wirkt.

Erzengel Michael segnet euch. Macht diese Übung jetzt mit Liebe.

Wen und was ich anerkenne:

Wen und was ich anerkenne:

Wen und was ich anerkenne:

Wen und was ich anerkenne:

Wen und was ich anerkenne:

Wen und was ich anerkenne:

Wen und was ich anerkenne:

Wen und was ich anerkenne:

Wen und was ich anerkenne:

Wen und was ich anerkenne:

Krankheit ist ein ganz großer Wegweiser und ein Ausdruck unerlöster Schuldgefühle, Energieübertragung von Erzengel Michael

Meine geliebten Kinder des Lichts,

Erzengel Michael ist mit euch. Wie wundervoll, dass ihr so kraftvoll niedergeschrieben habt, was ihr anerkennt in euch, was ihr anerkennt in eurem Leben, denn das ist die Transformation, wirklich von dem Urteil in die Anerkennung zu gehen.

Und die Zeitqualität geht tiefer und tiefer, alles lichtet sich, alles ist in einem Bewusstwerdungsprozess und alles, alles in eurem Leben beginnt zu scheinen, beginnt zu strahlen, wenn ihr bereit seid zur Anerkennung.

Erzengel Michael ist heute zu euch gekommen, um über Krankheit zu sprechen.

Krankheit ist ein ganz großer Wegweiser in eurem Leben. So viele Menschen, Tiere und Pflanzen werden durch diesen Durchlichtungsprozess krank, um einen neuen Weg zu gehen. Sie werden durch den Zustand von Krankheit aufgefordert, ihr Leben komplett zu überdenken, ihr Leben komplett neu zu leben und die Stationen ihres Lebens umzuwandeln in Anerkennung.

So viele Menschen erkranken an sehr schweren Formen von Krebs, auch viele junge Menschen sind zurzeit davon betroffen.

Erzengel Michael möchte euch Mut machen, dass egal, wie sich eure Seele entscheidet, Heilung geschieht.

Durch die Ernährungsform, durch das Urteilen, durch ungelöste Schocks entstehen die Tumore, entstehen Blockaden. Und im Moment sind es sehr, sehr viele Menschen, die gerade in Europa, aber auch auf der Welt verteilt, die diese Tumorenergie in sich tragen und dadurch geschwächt sind.

Löst eure Schocks, löst eure Traumata, löst die inneren Konflikte, die ihr mit der Welt habt, denn der Tumor ist immer ein Schock in diesem Organ, der den Körper lahmlegt. Deshalb löst die Verkrampfung und Liebe und deshalb macht die Meditation: "Ich bin bereit zu lieben!"

Damit jede Zelle wieder erfährt, wie göttlich sie ist, damit jede Zelle wieder erfährt, wie leicht sie ist und damit sie gerne mit dem Zellbewusstsein in Verbindung steht.

Denn jede Schwingung, egal ob durch Nahrungsaufnahme, durch Lesen, durch die ganzen Informationen der Zeitungen, Fernsehen, jeder Gedanke schwingt durch eure Zellen und nicht durch eine, sondern durch alle. Und durch das Urteilen, durch die Energie des Leistungsdrucks, durch die Gier entsteht eine Disbalance, und auch durch Stress kann ein Schock entstehen.

Und wenn ihr in den Prozess der Krankheit geht, dann habt keine Angst. Eure Seele weiß genau, was für euch richtig und gut ist, und wir wollen euch immer helfen, schicken euch zu den richtigen Menschen, schicken euch zu den richtigen Heilern, wenn ihr offen seid.

Damit Heilung auch in jedem Atemzug möglich ist für euch auf der Erde, gilt es, die göttliche Größe anzunehmen, gilt es, die göttliche Mission zu leben und die Entscheidung eurer Seele anzunehmen.

Ihr könnt es oft nicht wahrhaben, dass die Menschen in eurem engsten Freundeskreis, eure Partner, ja vielleicht sogar eure Kinder, eure Eltern an so einer schweren Krankheit beteiligt sind. Doch es ist ein Ausdruck des Unerlösten, es ist ein Ausdruck der inneren Verurteilung, und es ist ein Ausdruck, dass die Seele und der Körper nicht in einer Liebesbeziehung schwingen.

Deshalb immer wieder: "Ich bin bereit zu lieben."

Und Erzengel Michael möchte allen Verwandten, Bekannten, Geschwistern, die einen Menschen in ihrer Familie haben oder im Freundeskreis, der an dieser schweren Krankheit beteiligt ist, Mut zusprechen. Habt den Mut, Frieden und auch Trauer und innere

Verzweiflung zu leben. Damit zeigt ihr auch diesem Menschen Stärke und Mut, indem ihr offen über alles kommuniziert und indem ihr nicht aus Angst, den Menschen zu verlieren, schweigt, sondern wirklich in die Herzenskommunikation geht, ihm mit Liebe begegnet, und mit Respekt und vor allem mit Mitgefühl.

Denn Liebe ist der größte Heiler, egal wie sich die Seele entscheidet. Liebe ist der größte Heiler. Und ihr dürft nicht verzweifeln an euren Krankheiten, denn durch eure Anerkennung vom Leben, auch durch die Anerkennung von Krankheit, kann sich alles verändern.

Und jede Seele ist frei in der Entscheidung, für welchen Weg der Heilung, für welchen Therapieweg sie sich entscheidet. Jedes Lebewesen ist frei, zu entscheiden, welchen Weg es annimmt.

Doch wenn ihr uns bittet, dass wir euch führen, so lasst euch führen von uns. Und auch hier werden wir euch viele Menschen der Liebe schicken, die für euch da sind und euch in Liebe begleiten und mit denen ihr den Heilweg gehen könnt.

Denn ihr seid so wundervolle, so kraftvolle Wesen und auch durch die Krankheit, die euch schwächt, soll eine Aufforderung entstehen, eure Stärke, euren Mut zum Leben wieder anzunehmen.

Und ihr dürft Frieden schließen, wo ihr euch noch schuldig fühlt, gegenüber euren Eltern, euren Kindern, Mitmenschen, dort wo ihr euch überall schuldig fühlt.

Lasst den Frieden reinkommen, lasst die Liebe in diesen Bereichen fließen. Denn Schuld lässt euch nicht frei auf der Erde leben, ihr alle tragt keine Schuld. Die habt ihr euch selbst auferlegt und das ist eine sehr große Kraft im Zuge von Zeiten der vielen Glaubensgemeinschaften.

Doch ihr selbst, jede einzelne Seele, tragt keine Schuld. Und ihr müsst keine Krankheit ertragen aus Schuld. Und sagt es auch den Menschen, die ihr in eurem Freundeskreis habt und die an irgendwelchen Krankheiten leiden: *Gott straft nicht. Gott ist Liebe und die Engel und wir Erzengel strafen nicht. Wir sind Liebe.*

Deshalb legt diesen Gürtel der Schuld, den ihr euch auferlegt habt, wieder ab und bringt die Liebe und die Erinnerung an euer göttliches Potenzial wieder mit. So, wie ihr euch geboren habt, wie ihr gekommen seid, frei. Nehmt diese Möglichkeiten wieder an. Denn oft ist eine Krankheit auch der Ausdruck von der inneren Schuld.

Erzengel Michael möchte, dass ihr jetzt aufschreibt, wo ihr euch noch schuldig fühlt, damit ihr das im zweiten Teil dann lösen könnt. Damit ihr wirklich frei seid.

Wo ich mich noch schuldig fühle:

Wo ich mich noch schuldig fühle:

Wo ich mich noch schuldig fühle:

Wo ich mich noch schuldig fühle:

Wo ich mich noch schuldig fühle:

Wo ich mich noch schuldig fühle:

Wo ich mich noch schuldig fühle:

Wo ich mich noch schuldig fühle:

Wo ich mich noch schuldig fühle:

Wo ich mich noch schuldig fühle:

Da ist einiges an Schuld jetzt herausgekommen, wo ihr vielleicht dachtet, da ist überhaupt keine Schuld mehr da. Und trotzdem ist es in dieser starken Kraft, in der dieses Buch geschrieben wird, aus euren Zellen herausgekommen.

Und das ist auch das, was Erzengel Michael möchte, dass ihr kraftvoll durchs Leben geht, ohne Schuld, dass ihr euch wirklich wohl fühlt, dass ihr euch in einer neuen Ebene wiedererkennt, in einer Ebene des Göttlichen.

Und Erzengel Michael ist sehr, sehr dankbar, dass ihr euch jetzt in dieser Zeit bewusst für die Liebe und für die Klarheit und für die Kraft des Lebens entscheidet.

Erzengel Michael sagt es noch mal: Ihr habt keine Schuld. Ihr tragt keine Schuld, auch wenn ihr jetzt so viel aufgeschrieben habt.

Diese Schuld ist aus euren Zellen gelöscht und diese Erinnerung an Schuld ist aus eurem Zellbewusstsein gelöscht, damit auch wirklich alles, alles fließen kann, jetzt mit der Herzensenergie.

Schuld kommt vom Urteilen, Schuld kommt von Sünde. Doch ihr seid so göttliche Wesen und mit der Liebe, die ihr in eurem Herzen tragt, habt ihr niemals Schuld. Und aus diesem Bewusstsein heraus, könnt ihr ein ganz neues Leben leben, könnt ihr ein ganz neues Leben manifestieren, um eure Kraft ganz anzunehmen, um euch von der Schuld ganz zu befreien.

Energieübertragung von Erzengel Michael

Jetzt gibt euch Erzengel Michael eine tiefe Energieübertragung, jetzt in diesem Augenblick, wo ihr das lest.

Und diese Energieübertragung ist eine so kraftvolle Strahlung für dich, für jede Zelle, dass die Illusion von Schuld, die Illusion von Zweifel aufhört und du ganz rein und voller Liebe bist für dein neues Leben.

Erzengel Michael segnet dich für dein weiteres Leben und willkommen in deinem neuen Leben!

Wenn die Seele den Körper verlässt

Meine geliebten Kinder des Lichts,

Erzengel Michael ist mit euch. Ihr seid so starke Kinder des Lichts, ihr seid so rein und voller Liebe für euch selbst und für jedes Lebewesen.

Ihr seid die, die ihr auf die Erde gekommen seid, um euer Leben zu erleuchten. Eure Seele ist in die Materie tief eingedrungen und daraus ist euer wundervoller Körper entstanden.

Erzengel Michael ist in dieser Nacht zu euch gekommen, um euch die Angst zu nehmen vor dem Sterben, um euch die Angst zu nehmen, wenn eure Seele den Körper wieder verlässt.

Wenn die Seele bereit ist, den Körper zu verlassen, entsteht ein ganz großes Energiefeld, denn die Seele weiß genau, wann sie den Körper verlässt, und deshalb begleiten euch sechs Monate vorher schon die Todesengel, die Engel der Heimführung, die manche von euch sehen können.

So wie ihr sechs Monate als Seele eure Mutter oder euren Vater begleitet, in die ihr inkarnieren möchtet, so begleiten euch sechs Monate vorher die Todesengel, um euch in einige Situationen des Abschieds zu bringen, und manche von euch haben auch diese Energie gespürt von einigen, die von euch gegangen sind, als ihr sie das letzte Mal gesehen habt.

Und das sind die Zeichen auch der Todesengel, dass ihr sie wahrgenommen habt, dass sich die Aura verändert. Wenn die Seele den Körper verlässt, wird vorher die Aura dünn, ganz dünn, fast durchsichtig, damit die Seele gut austreten kann aus dem Körper. Und wichtig ist, dass die Seele aus den oberen Chakren austritt, nicht aus den unteren, sondern aus den oberen Chakren heraustritt, aus dem siebten Chakra, damit sie frei ist.

Denn wie und wo die Seele austritt, ist eine ganz wichtige Erfahrung für die nächste Inkarnation, sofern noch eine ansteht für euch.

Deshalb ist es so wichtig, dass ihr den Tod anerkennt, dass ihr das Sterben wieder anerkennt, dass ihr es nicht aus eurem Leben und aus eurer Gesellschaft verbannt, sondern dass ihr erkennt, dass Geburt und Tod die größten Einweihungen sind in eurem Leben.

Und deshalb schafft mehr Räume, schafft mehr Plätze, wo die Menschen in Würde und in Demut gehen können. Wo sie die Zeit haben, Abschied zu nehmen und führt Gespräche mit Menschen über das Austreten, mit älteren Menschen, auch mit jüngeren Menschen.

Es wäre so wichtig, diese Energie, das Wissen, welches wir euch jetzt geben, auch in den Schulen zu vermitteln, damit diese Angst vor dem Ungewissen, damit die Angst vor dem Fegefeuer, vor der Sünde aufhört.

Ihr habt schon so viele Erlebnisse gehabt, und ihr seid schon so viele Tode gestorben, in verschiedenen Leben, doch in diesem Leben habt ihr die Möglichkeit, respektvoll, in Würde und in Demut und auch in Freiheit Abschied zu nehmen.

Dass ihr den Menschen, die ihr begleitet, mit wundervoller Energie den Raum lasst, und dass ihr mindestens drei Tage, am besten sieben Tage Totenwache haltet, so wie es früher in eurem Dorf üblich war. Mindestens drei Tage, doch das Beste ist sieben Tage, dass die Seele gut rausgehen kann und dass Heilung in den Familien geschieht, wenn die Familien zusammen kommen, um diesen Menschen noch sieben Tage nach dem Austritt zu begleiten ins Licht und keine Angst vor dem Körper zu haben, der da ist und liegt und nicht mehr atmet.

Doch die Seele bekommt alles mit. Sie ist noch vierzig Tage in der Erdenergie und danach wird sie immer mehr in die Sphäre des Lichts gehen. Träumt ihr auch in den ersten vierzig Tagen, wenn Menschen gestorben sind, von ihnen? Wenn die Seele den Körper verlassen hat, dann kommt sie in eure Träume, weil ihr euch auf einer anderen Ebene des Lichts trefft, und immer nach den vierzig Tagen, wird es weniger und weniger, denn sie verlassen den Erdenbereich und fließen mehr und mehr in die Lichtenergie.

Wenn ihr keine Angst habt davor, dass die Seele austreten darf aus dem Körper, könnt ihr so frei sein, könnt ihr so voller Leichtigkeit sein. Und es braucht euer Licht, um auch viele Menschen im Tod zu begleiten.

Kinder können auch die Todesengel sehen und Kinder können auch die Aura sehen und die Aura von Menschen, die bald gehen, wie durchsichtig sie ist.

Wenn ihr mit Menschen arbeitet und Menschen begleitet, die im Prozess des Sterbens sind, dann gebt ihnen die "Loslassen"-Essenz von Kamasha und auch "Die Seele verlässt den Körper", damit kann die Seele den Körper gut verlassen. Und gebt diese Essenzen auch weiterhin, während ihr die Totenwache macht, die Lichtwache, die Lichtbegleitung. Auch hier ist es wichtig, immer wieder aufs dritte Auge, aufs Kronenchakra die Kamasha-Essenz "Loslassen" und auch die Kamasha-Essenz "Die Seele verlässt den Körper" zu geben, dass die Seele gut austreten kann und gut von den Helfern, von den Todesengeln, von den Engeln der Heimführung, von den drei Geistführern, von den drei Engeln begleitet werden darf.

Denn wenn es euch bewusst ist, dass es dies gibt, dass es uns gibt, fällt es euch viel leichter ins Licht zu gehen, euch in Empfang nehmen zu lassen.

Menschen, die daran nicht glauben, die das alles ablehnen, haben es viel, viel schwerer im Sterbeprozess, und sie haben es viel schwerer, die Ebene ins Licht zu finden, die Ebene ins Licht zu gehen mit uns.

Deshalb sprecht mit Menschen, die in dem Sterbeprozess sind. Sprecht mit ihnen über die Engel, sprecht mit ihnen über die Geistführer, sprecht mit ihnen über Gott, über die Meister, damit sie, wenn sie den Körper verlassen, sich erinnern und sich abholen lassen.

Und wenn ihr austretet, wenn die Seele den Körper verlässt, seht ihr noch mal alle Stationen, alle Stationen in eurem Leben, und auch alle Stationen und auch alle Begegnungen, die ihr nicht mit Liebe gelöst habt, damit ihr sie auf der Erde lassen könnt und nicht mitnehmt in euer Seelenbewusstsein, kommen noch mal alle, alle Begegnungen, auch noch mal alle Bilder mit den Menschen, die ihr noch nicht losgelassen habt, mit denen ihr noch was zu lösen habt, alle diese Bilder erfahrt ihr noch mal, damit ihr sie in Frieden zurücklassen könnt.

Und deshalb ist es so wichtig, auch für weitere Inkarnationen, wenn es in eurem Leben noch welche geben sollte, dass ihr alles sofort klärt. Nutzt eure Herzenskommunikation und klärt alles sofort!

Erzengel Michael ist der Engel der Klarheit und ihr könnt mich jederzeit rufen, ihr könnt mich jederzeit einladen und um Hilfe bitten, wo ihr keine Klarheit seht.

Ich bringe euch die Klarheit, egal in welcher Situation, und wenn es in dem letzten Atemzug ist.

Erzengel Michael bringt euch die Klarheit in eurem Leben.

Diese Kraft, diese Leichtigkeit, und diese Liebe lässt euch in Vollkommenheit erwachen.

Erzengel Michael segnet euch. Und verteilt dieses Wissen überall wo ihr seid, damit jeder anfängt, jedes Lebewesen, jeder Mensch, nachzudenken und sich im Leben und auch im Sterben zu feiern.

Die Kraft des Vertrauens

Meine geliebten Kinder des Lichts,

Erzengel Michael ist mit euch und ist so dankbar für euer Wirken auf Mutter Erde, ist so dankbar für eure Liebe und eure unendliche Schönheit auf Mutter Erde.

In dieser Nacht ist Erzengel Michael zu euch gekommen, um euch in die Kraft des Vertrauens einzuweihen.

Wenn ihr vertraut, dann braucht ihr viel weniger Leid in eurem Leben zu erleben. Wenn ihr vertraut, könnt ihr immer tiefer eintauchen in eure Essenz. Vertrauen ist der Schlüssel, um frei und ohne Angst zu leben. Vertrauen ist die Basis zum Leben und Vertrauen ist die Verbindung zwischen uns und euch.

Wenn ihr euch vertraut, dann vertraut ihr Gott und wenn ihr Gott vertraut, dann vertraut ihr uns und es ist so wichtig, dass ihr das anerkennt.

Es ist so wichtig, dass ihr euch anerkennt, um eurem inneren Gott zu vertrauen, eurer inneren Göttin zu vertrauen.

Vertrauen bedeutet nicht, die Augen zuzumachen.

Vertrauen bedeutet, hinzuschauen, tiefer zu gehen und wirklich das Leben, euer Leben zuzulassen. Vertrauen ist die Erkenntnis, dass euch alles zur rechten Zeit ergeben wird, und Vertrauen ist Bitten, uns zu bitten.

Gebete und Bitten entstehen aus der Vollkommenheit. Wenn ihr Wünsche äußert, euch etwas wünscht, dann entsteht diese Energie aus dem Mangel. Deshalb seid bereit und bittet uns, bittet Erzengel Michael, bittet Jesus, bittet eure Geistführer, euch mit dieser Kraft zu beschenken und dies zu manifestieren.

Und geht nicht in die Angst, denn Wünschen entsteht aus einer Angst heraus und Bitten entsteht aus der Erkenntnis des Vertrauens, dass alles, alles möglich ist. Denn so viele Bücher gibt es bei euch auf der Erde über Wünschen, doch die Wunschenergie kommt aus dem Mangel. Ihr wünscht euch das, was ihr nicht habt.

Doch wenn ihr darum bittet, und dankbar seid für das, was ihr habt, kommt die Fülle in unermesslicher Form zu euch.

Und Vertrauen bringt euch in die Glückseligkeit. Vertrauen lässt euch die Situationen viel leichter und besser erkennen, die gut für euch sind und die nicht gut für euch sind.

Vertrauen bringt die Unterscheidungskraft, Vertrauen

bringt euch immer in Kontakt mit dem göttlichen Fluss der Liebe und auch mit der Kraft der göttlichen Liebe und euren Ängsten.

Durch Vertrauen könnt ihr immer kraftvoller euer Leben genießen und Vertrauen bedeutet, eure Lebenskraft in jedem Atemzug zuzulassen und nichts mehr zurückzuhalten, und alles kann sich ergeben, alles.

Und auch die Kinder und Jugendlichen brauchen Vertrauen, brauchen wieder die Erkenntnis des Vertrauens. Und gebt ihnen das Vertrauen, dass sie euch wichtig sind, wenn ihr euch vertraut, vertraut ihr auch euren Kindern, dann vertraut ihr mit wachen Augen und das ist so wichtig.

Vertrauen ist Lebendigkeit im Leben und Vertrauen bedeutet, auch das Unerwartete zuzulassen. Und auch die Vergangenheit loslassen. Vertrauen bedeutet, immer mit der göttlichen Quelle verbunden zu sein und eure Vision immer mehr auf Mutter Erde zu leben.

Und beginnt jeden Tag mit Vertrauen, indem ihr euch morgens nach dem Aufwachen hinsetzt und neun Mal sprecht oder auch mehr: "Ich vertraue." Damit gebt ihr dem Tag einen Richtungshinweis, einen Energie-Impuls: "Ich vertraue."

Und dort, wo ihr noch nicht vertraut, kommt ihr in die

Energie des Vertrauens hinein. Erzengel Michael sagt euch nochmals: Es geht um Vertrauen und nicht um Blauäugigkeit, nicht um das Gefühl, das ihr mit dem Gedanken verbindet, oder auch mit der Erfahrung aus der Vergangenheit. Es geht wirklich um die göttliche Energie des Vertrauens, um die göttliche Weisheit, um die göttliche Schöpferkraft des Vertrauens.

Das Vertrauen weist euch den Weg. Denn euer Leben ist auf Vertrauen aufgebaut. Ihr habt so bedingungslos vertraut, als ihr auf die Erde gekommen seid. Und es ist wichtig, dass ihr dieses bedingungslose Vertrauen wieder nutzt und lebt.

Und auch für den Austritt und für den Übergang in die anderen Dimensionen, dass ihr dieses Vertrauen dafür nutzt und in euch tragt. Vertrauen ist der erste Schritt zur Lebendigkeit und Vertrauen gibt euch so viele Möglichkeiten das Leben zu verändern und euer Leben zu meistern.

Erzengel Michael segnet euch. Und lebt eure Wahrheit, lebt euer Vertrauen in jedem Atemzug, denn dann sind wir, die geistige Welt, Erzengel Michael und alle Meister des Lichts und ihr Mensch gewordenen Seelen am nächsten.

Glückseligkeit und Dankbarkeit

Meine geliebten Kinder des Lichts,

Erzengel Michael ist mit euch. Wundervoll, dass ihr da seid, dass ihr weiterlest, dass ihr immer mehr euren Herzensmut lebt, denn die Herzensenergie ist die Kraft der Liebe. Die Herzensenergie ist die Kraft der Spontaneität. Die Herzensenergie ist die Kraft der Glückseligkeit.

Und Erzengel Michael ist heute, in dieser Nacht, zu euch gekommen, um über Glückseligkeit und über Dankbarkeit zu sprechen.

Glückseligkeit ist die höchste Kraft, die ihr auf Mutter Erde erfahren könnt. Glückseligkeit ist, in jedem Atemzug die Verbundenheit mit allem zu spüren.

In der Glückseligkeit ist der Kosmos mit der Seele im Körper auf der Erde fest verankert.

Und die Glückseligkeit ist in jedem von euch gespeichert. Die Glückseligkeit ist Erinnerung an das große Licht, von dem ihr herkommt und dieses auf der Erde zu verankern.

Glückseligkeit ist das Tor zum Himmel und das Tor zur Erde.

Glückseligkeit ist die Dankbarkeit über jedes Lebewesen und die große Dankbarkeit für euer Leben.

Verlasst den Schmerz und begebt euch auf die Reise in ein kraftvolles Leben.

Ihr habt so viel erfahren in diesem Gespräch mit Erzengel Michael in Band 7, so viel erlöst, so viel geheilt und eure Zellen sind neu geworden.

Erzengel Michael ist sehr glücklich über euren Weg, über eure Verbindung und über den Mut, eure Vergangenheit loszulassen, dass die Seele sich in eurem Körper verwirklicht.

Denn in dieser Zeit ist es so wichtig, eure Verwirklichung zu leben, eure Vision zu leben und euer göttliches Potenzial. Denn ihr seid Energie und Energie folgt immer der Aufmerksamkeit, immer.

Deshalb richtet eure Energie auf die Zukunft, richtet eure Energie auf die Liebe und auf diesen Augenblick. Alles andere ist Energieverschwendung, und so kommt ihr nicht raus aus dem Strudel der Vergangenheit. Wenn ihr immer in der Vergangenheit wühlt, wenn ihr immer in der Vergangenheit bleibt, und wenn ihr ankommen wollt, dann richtet eure Energie auf das HIER, auf das JETZT und auf das Kommende.

Wir haben bewusst diesen Weg in Band 7 gewählt, euch einzuweihen, euch zu befreien, euch mit Liebe zu überschütten, damit ihr wirklich wisst, welch hohe Seelen ihr seid, auf die Erde gekommen, um die absolute Befreiung zu erlangen.

In dieser Zeit, in der ihr euch inkarniert habt, geht es ums Ganze. Noch nie war die Energie so stark für Mutter Erde und dadurch für euch offen, und die Energietore gehen jetzt immer mehr auf.

Und ihr habt dieses Leben gewählt für die Bereitschaft, alles anzuschauen, alles loszulassen und neu zu beginnen. Ihr, die ihr wirklich ausbrecht, aus euren Familien, aus euren Familiensystemen, ihr seid starke Seelen. Macht weiter, lebt euer Licht, lasst euch nicht einschüchtern von irgendwelchen Grippen, Viren, sondern bleibt in euch und bleibt zusammen, ihr Menschenkinder, die ihr alle nur ein Ziel habt, euch auf die Erde fallen zu lassen, um in die göttliche Befreiung zu gehen.

Und ihr seid so wertvolle Seelen, so wertvolle Geschöpfe von Gott, lasst euch nicht tyrannisieren vom Geld, lasst euch nicht tyrannisieren von Politikern, sondern lebt eure Freiheit.

Denn das Licht wird alles durchdringen, und das Licht wird jede Unwahrheit aufzeigen.

Und lasst euch, lasst euch Raum, geht in die Herzenskommunikation, trefft euch mit Menschen, die euch gut tun, und seid dankbar für euer Leben.

Und bittet, so wird euch gegeben. Wünschen ist aus dem Mangel, bittet und alles wird kommen, alles.

Erzengel Michael möchte euch allen die Vision der Klarheit bringen, dass ihr nicht mehr umherirrt, sondern dass ihr in eure eigene Meisterschaft auf der Erde geht. Denn jede Seele ist dazu befähigt, in jeder Inkarnation den Weg der Meisterschaft einzugehen, und ihr habt ihn begonnen. Ihr habt den großen Weg der Meisterschaft begonnen zu gehen und Erzengel Michael begleitet euch dabei.

Auch wenn ihr mich nicht spürt, ich bin immer da, wann immer ihr mich ruft, stehe ich euch zur Seite und wirke so, wie Erzengel Michael wirken darf.

Und in dieser Zeit, in der dieses Buch erscheint, in der ihr das lest, ist alles in Veränderung, nichts ist stetig, alles ist im Wandel, alles ist im Umbruch und alles geschieht gleichzeitig.

Bringt das Wissen, dass wir euch hier in Band 7 geben in

die Welt. Denn dadurch kann Befreiung stattfinden und dadurch verändert ihr das Energiefeld für Mutter Erde und für euch.

Denn jeder Buchstabe ist mit Licht aufgeladen. Jedes Wort enthält die goldene Schwingung der Liebe und deshalb ist es so wichtig, eure Möglichkeiten, die ihr mitgebracht habt, auszuschöpfen, euch in Freude und Hingabe zu begegnen.

Und bittet uns, bittet Gott, bittet die göttliche und die geistige Welt, bittet den Erzengel Michael um die Manifestation eures Lebens in Liebe, in Fülle, in Wahrheit, und lasst eure Wünsche fallen und wandelt sie um in Bitten, damit die Kraft der Liebe euch erfüllt.

In diesem Teil des Buches habt ihr nun die Möglichkeit, all eure Bitten aufzuschreiben, zu manifestieren und sie euch immer wieder von Zeit zu Zeit ins Bewusstsein zu rufen, durchzulesen, damit die Kraft stärker und stärker in eurer Aura wird, in euren Gedanken, in euren Zellen.

Schreibt all eure Bitten auf, die jetzt da sind, und ihr werdet es sehen und spüren, und schon bald sind diese Bitten Wirklichkeit und alles kommt in Fluss.

Erzengel Michael lädt euch ein, mit der Kraft der Liebe, mit der Kraft der Klarheit und mit der Kraft des Erkennens euer Leben im göttlichen Glanz zu manifestieren.

So viele Themen wurden und sind bearbeitet, und wir werden schon sehr bald mit Band 8 beginnen, damit es weitergeht in eurem Leben und damit ihr euch immer mehr mit eurer eigenen göttlichen Vision verbindet.

Viele Menschen zweifeln immer noch, ob es Erzengel Michael gibt, ob es uns, die geistige Welt, gibt, doch es werden immer mehr, die uns spüren können, die mit uns in Kontakt sind und die die Kraft der Erzengel und Meister kanalisieren können.

Es werden immer mehr Botschafter der geistigen Welt gebraucht, um die Menschen zu begleiten, um die Seelen in ihre göttliche Bestimmung zu bringen und ihr seid alle auf einem guten Weg, eure Kraft, eure Klarheit und eure Liebe zu verwirklichen.

Und auch hier ist es sehr wichtig, wenn ihr einen Heiler, einen Botschafter der geistigen Welt aufsucht, fragt immer euer Herz, denn euer Herz weiß, was gut und wichtig und richtig für euch ist. Fragt immer euer Herz, und euer Herz wird euch genau zu dem guten und richtigen Heiler und Botschafter der geistigen Welt führen, um das Nötige dazu, über euch, über die Familien zu erfahren.

Nun schreibt auf in diesem letzten Teil des Buches, was ihr erbitten wollt. Kraftvoll wird es sich in eurem Leben schon sehr, sehr bald manifestieren.

Erzengel Michael aus den Reichen des Lichts grüßt euch und segnet euch. Erzengel Michael segnet eure Partnerschaft, eure Familien und eure Kinder, euer kraftvolles Miteinander in den Schulen, an eurem Arbeitsplatz.

Erzengel Michael segnet dich und euch in allem, in allem.

Meine Bitten:

Meine Bitten:

Meine Bitten:

Meine Bitten:

Meine Bitten:

Meine Bitten:

Meine Bitten:

Meine Bitten:

Meine Bitten:

Meine Bitten:

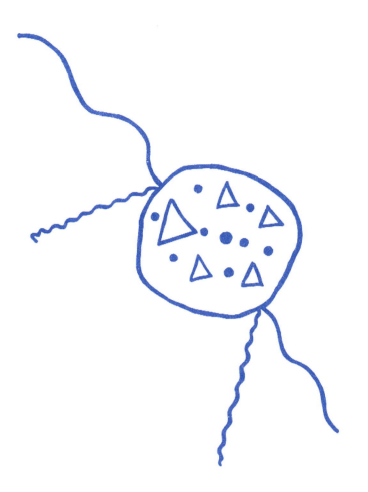

Kosmisches Schutzsymbol „Anandara"

Anandara dient der Auflösung der Chemtrails, die von
dafür bestimmten Flugzeugen verbreitet werden.
Es bietet Schutz vor deren Aluminium-Barium-Gemisch.
Die Reichweite beträgt 5400 Meter.
Ihr könnt es in Häusern, Gärten, Autos, Wäldern, Seen, Flüssen etc. auslegen.
Gerne kann das Symbol kopiert und verteilt werden.
Mit freundlicher Genehmigung vom Kamasha-Verlag.

Lichtkörperprozess-Trainer
ausgebildet durch Natara

In alphabetischer Reihenfolge.

Deutschland

Fox, Vanula Eva-Maria
Joseph-Haas-Weg 10
D-81243 München
Tel.: +49(0)89-13042488
Mobil: 0175-9033780
E-mail: eva-maria.fox@gmx.de

Fuchs, Pavany Carmen
Schützenweg 9
D-97286 Winterhausen
Tel.: +49(0)9333-1741
E-mail: Nandolino64@freenet.de
www.reiki-fuer-mensch-und-tier.de

Hochrein, Padma Ellen
Dipperzer Str. 17
D-36093 Künzell bei Fulda
Tel.: +49(0)661- 604858
E-mail: pehochrein@gmx.de
www.Lebens-Wege-Zentrum.de

Margraf, Olaf
Berliner Allee 12A
D-30175 Hannover
Tel.: +49(0)511-343383
Mobil: 0151-25367656
E-mail: olaf.margraf@gmx.de
www.es-geht-ums-herz.de

Moezer, Doris Svaramy
Obere Bahnhofstr. 25
D-90556 Cadolzburg
Tel.: +49(0)91032693
E-mail: lichthaus.cadolzburg@t-online
www.lichthaus.cadolzburg.de

Nöhbauer, Karl-Heinz
Lerchenstrasse 18
D-84307 Eggenfelden
Tel.: +49(0)8721-1274787
Mobil: 0176-54841290
E-mail: kkkarlde@yahoo.de
www.Lichtkoerperprozess.de/Mediale-Heiler

Ramann, Barbara
Huflar 3
D-97650 Fladungen
Tel.: +49(0)9778-740128
Mobil: 0151-21645217

Raslan, Dr. Adriana (Vayanara)
Großenbacher Str. 52
D-36088 Hünfeld
Tel.: +49(0)6652-79 46 40
E-mail: dr-adriana-raslan@t-online.de
www.dr-adriana-raslan@t-online.de

Rickens, Y-Lan Yasratee
Lapplandring 10
D-22145 Hamburg
Tel.: +49(0)40-57133099
E-mail: leylan@rickens.org
www.planzlicht.com

Scheer, Luna'Him Dörte
Utbremer Ring 4
D-28215 Bremen
Tel.: +49(0)421 - 25 53 50
E-mail: doerte.scheer@gmx.de
www.heilerin-in-bremen.de

Schiffert, Petra
Hauptstr. 15a
D-97255 Gelchsheim
Tel.: +49(0)9335-998797
E-mail: petra-schiffert@t-online.de

Shivananda, Michaela
Steinhauser Weg 107
D-90453 Nürnberg
Tel.: +49(0)911-9895256
E-mail: shivananda@t-online.de

Schmid, Sansiris Heike Maria
Alpenblickstr. 11
D-83026 Rosenheim
Tel.: +49(0)8031-797251
E-mail: beratung@sansiris.de

Thomas, Anyama Sylvia
Heimstättenstr. 45
D-39365 Eilsleben
Tel.: +49(0)39409-933844
E-mail: mail@anyama-online.de

Zilles, Elior Walter
Schützenweg 9
D-97286 Winterhausen
Tel.: +41(0)9333-222434
E-mail: elior7@freenet.de

Schweiz

Artiouchina-Clopath, Alla
Lenzburger Str. 42
CH-5507 Mellingen
Tel.: +41(0)76-4709101
E-mail: bugini@hispeed.ch

Babics, Istvan
Reckholderweg 18a
CH-3645 Gwatt
Tel.: +41(0)33-2430049
E-mail: istvan.babics@gmx.net

Bader, Rita
Elsterweg 5
CH-3603 Thun
Tel.: +41(0)79-3660649
E-mail: bader.rita@bluewin.ch

Baumgartner, Beatrice
LAS LEBEN+ASTROLOGIE-SCHULE
Bärengasse 1
CH-8750 Glarus
Tel.: +41(0)79-6814693
E-mail: glarus@lebenschule.ch
www.lebenschule.ch

Casanova, Regina
LAS LEBEN+ASTROLOGIE-SCHULE
Tittwiesenstrasse 27
CH-7000 Chur
Tel.: +41(0)81-2507278
Fax: +41(0)81-2507279
E-mail: info@lebenschule.ch
www.lebenschule.ch

Meier, Eva
Buchserstr. 22
CH-8157 Dielsdorf
Tel.: +41(0)43-3555391
E-mail: myway2me@sunrise.ch

Zumbühl, Monika Neekaya
Fuchsmatte 25
CH-6432 Rickenbach
Tel.: +41(0)78-7811552

Natara über Kamasha

Es war mitten in der Nacht, als mir Erzengel Michael zum ersten Mal erschienen ist. Ich nahm plötzlich eine starke Liebesenergie in meinem Zimmer wahr, sah ein goldenes Licht und eine majestätische Gestalt in blauem Gewand. Erzengel Michael. Ich hatte vorher noch nie von ihm gehört, doch er sagte mir, dass ich die Kamasha-Essenzen in die Welt bringen werde; energetisierte Wasser-Alkohol-Mischungen, die mit kraftvollen Schwingungen aufgeladen sind und die Menschen in ihrem innerem Wachstum unterstützen sollen.

Seitdem ich am 15. März 2001 einen kleinen Büroraum bezogen habe und mit zwei Telefonen an den Start gegangen bin, ist das Kamasha-Projekt ständig gewachsen. Nach dem Kamasha Versandhandel, der die Kamasha-Essenzen herstellt, gründete ich mit einer handvoll Mitarbeitern das Kamasha Therapie- und Ausbildungsinstitut (TAI) und den Kamasha Verlag. Das TAI ist meine Wirkungsstätte als spiritueller Lehrer und Heiler, der Verlag verbreitet die Botschaften von Erzengel Michael.

Im Sommer 2006 ist unser Bio-Seminarhotel Lebensquelle zu den Kamasha-Projekten hinzugekommen. Dieses Heilzentrum befindet sich in einem wunderschönen, ländlichen Vorort von Fulda. Bestehend aus Hotel, Seminar- und Büroräumen, vereint es alle Aktivitäten von Kamasha unter einem Dach. Gleichzeitig ist es eine Begegnungsstätte, in der viele andere Heiler und Therapeuten ihre Kurse geben.

Komm doch mal vorbei. Du bist herzlich willkommen!

♡ Natara ♡

Kamasha GmbH & Co.KG
Dietershaner Straße 29
36039 Fulda

Tel.: 0661-38000240
Fax: 0661-38000249
www.kamasha.de

Kamasha-Jahresessenz 2010

"Göttliche Gemeinschaft"

Meine geliebten Kinder des Lichts,

Erzengel Michael ist mit euch, um die neue Kraft der göttlichen Gemeinschaft in jeder Zelle eures Körpers zu manifestieren. Damit die Menschen erfahren, was es heißt, in welchem System sie sich inkarniert haben und da hinaus kommen, um in der göttlichen Gemeinschaft wieder zu leben.

Denn die göttliche Gemeinschaft ist die Kraft der Liebe, ist die Kraft der Unterstützung - jeder dient jedem, alle Zeit. Egal in welchem Leben, jeder dient jedem.

Und diese göttliche Gemeinschaft soll euch daran erinnern, wie sehr ihr verbunden seid mit dem Göttlichen und wie wichtig es ist, neue Lebensformen zu schaffen, in denen der Mensch, das Tier und die Pflanzen nicht mehr manipulierbar sind, sondern in Freude, in Klarheit und in Liebe wachsen können und erblühen würden und zum Leuchten kommen.

Denn das ist die Kraft einer göttlichen Gemeinschaft, das Miteinander, in Frieden, in Würde und in Leichtigkeit, zu leben und zu sterben.

Und Erzengel Michael sendet euch jetzt diese göttliche Gemeinschaft durch eure Zellen, damit ihr wirklich erinnert werdet an die große Kraft der göttlichen Gemeinschaft.
Erzengel Michael segnet euch, und bringt diese göttliche Gemeinschaft in euer Leben und in eure Familien.

Ab sofort im Abo

Channeling des Monats

als Audio-CD

Die wichtigsten Informationen
der geistigen Welt zu den speziellen Energien, Anforderungen und Gelegenheiten eines Monats, gechannelt von Natara!

Gönne dir und deinen Begleitern rund 45 Minuten mit Botschaften von Erzengel Michael und anderen Engeln und Meistern zu aktuellen und grundsätzlichen Themen. Zwölf mal im Jahr geben sie uns Anregungen für unseren weiteren Weg.

Ein göttliches Geschenk für dich und andere – nicht nur zu Weihnachten, sondern jederzeit!

Jahres-Abo: **216,00 Euro inkl. Versandkosten**
Halbjahres-Abo: **108,00 Euro inkl. Versandkosten**
Einzelbestellung: **21,00 Euro inkl. Versandkosten**

Beim Jahres-Abo erhältst du mit der ersten Sendung zusätzlich die neue Kamasha-Jahresessenz (20 ml) gratis!

Eine kürzere Version des Monats-Channelings wird es nach wie vor kostenlos auf unserer Internetseite geben. Den Link dazu erhaltet ihr in unserem kostenlosen E-mail Newsletter. Wenn du den Newsletter bekommen möchtest, schicke eine E-mail mit dem Betreff 'Kamasha-Newsletter' an: love@kamasha.de.

Channeling Jahres-Abo bestellen:

Bestellhotline: +49(0)661 - 38 00 02 40
Bestellfax: +49(0)661 - 38 00 02 49

Du kannst dir auch den folgenden Coupon kopieren und uns diesen an die o.g. Nummer faxen.

☐   JA, ich möchte das Jahres-Abo (inklusive Versand/Porto) von 216,00 Euro für 12 Ausgaben abonnieren (bitte ankreuzen).

Name, Vorname: ....

Straße, Hausnummer: ....

PLZ, Wohnort: ....

Telefon: ....

E-mail: ....

Bankverbindung *(Zahlungsweise nur Lastschrift)*

Konto: ....

BLZ: ....

Bankname: ....

Kontoinhaber: ....

Widerrufsgarantie: Diese Bestellung kann ich innerhalb von 14 Tagen nach Absenden dieser Bestellung durch eine schriftliche Mitteilung an: Kamasha Versandhandel GmbH, Dietershaner Strasse 29, 36039 Fulda, widerrufen. Die Frist beginnt mit Absendung dieses Bestellscheines.

Ort, Datum: ....

Unterschrift: ....

Natara
Gespräche mit Erzengel Michael, Band 1-6

Band 1
ISBN: 978-3-936767-00-1

Themenauswahl: Bewusstsein vor der Geburt, Indigokinder, Karma, Sexualität und Liebe, der Aufstieg der Erde.

Band 2
ISBN: 978-3-936767-12-4

Themenauswahl: Religionen, die Kraft der Gedanken, Wasser - das kostbarste Gut der Erde, die dritte Botschaft von Fatima.

Band 3
ISBN: 978-3-936767-02-5

Themenauswahl: Die zehn Gebote - zehn Einweihungen, Babaji, Franz von Assisi, Bewusstsein der Tiere.

Band 4
ISBN: 978-3-936767-03-2

Themenauswahl: Samadhi, Seelenkraft, Klarheit, göttliche Vision, Achtsamkeit, Liebe, heilende Präsenz, Loslassen, Vertrauen, Vogelgrippe.

Band 5
ISBN: 978-3-936767-14-8

Themenauswahl: Engelsastrologie, Hildegard von Bingen, Lady Diana, Erzengel Raphael, Shiva, Shakti, Krishna, St. Germain Lady Gaya, El Morya, Erzengel Michael.

Band 6
ISBN: 978-3-936767-05-6

Themenauswahl: Die 7 Seelenländer: Orion, Plejaden, Sirius, Elfen- und Feenland, Regenbogen, Lemuria, Wal- und Delphinland.

Natara
Symbole und Mantren für den Aufstieg
ISBN 978-936767-3-13-1

Ein meisterhaftes Arbeitsbuch.

Wahre Schätze werden in diesem gut aufgebauten und übersichtlichen Fachbuch preisgegeben.

Erzengel Michael gibt den Menschen für den Aufstieg der Erde und aller Lebewesen durch das Channelmedium Natara 18 Mantren und Symbole, die hier abgebildet und beschrieben sind. Alle mit spezifischen Wirkungen und Heilkräften. Das Buch ist mit einer Ringbuchspirale versehen, so dass mit den Mantren und Symbolen sehr gut gearbeitet werden kann.

Adriana Raslan
Heilende Berührung
Heilpunkte von Erzengel Chamuel
ISBN 978-3-936767-19-3

Unser Körper speichert alle Erlebnisse, auch wenn sie nicht mehr bewusst erinnert werden. Obwohl scheinbar nicht mehr wichtig, können uns solche eingeprägten Frequenzen in unserer Entwicklung sehr behindern.
Die von Erzengel Chamuel durchgegebenen Heilpunkte für Mensch und Tier leiten heilende Liebesenergie der Engel durch den physischen und die feinstofflichen Körper und erlösen so alte emotionale Blockaden und Engramme.

„Eure Angst ist das größte Hindernis für die Liebe, das größte Hindernis für Transformation. Deshalb ist es so wichtig, eure Angst loszulassen, damit ihr euch für euch selbst öffnen könnt.
Wenn ihr euch für euch selbst öffnet, könnt ihr euch auch für die Anderen öffnen, und dann ist kein Krieg mehr nötig."
                                            Erzengel Chamuel

Renate & Eckhard Moog
Erkenntnis oder Leiden
ISBN 978-3-936767-11-7

Die zentrale Aufgabe im Leben ist es zu wachsen, das Bewusstsein zu erweitern und die Seele zu entfalten. Chronische Krankheiten drücken aus, dass ein anstehender Entwicklungsschritt noch nicht getan wurde.

Wenn wir uns dem inneren Heiler zuwenden, öffnen wir die Tür zur klärenden Erkenntnis. Wenn wir nicht auf die Signale von innen horchen wollen, erleben wir die Defizite unserer seelischen Entwicklung durch eine weitere Konfrontation mit Krankheiten und Leiden.

Die Texte sprechen direkt das Herz und den inneren Heiler an. Der Lesende kommt in seine eigene Kraft, wenn er die Botschaft der Eigenverantwortung annimmt.

Shantima Petra Sollgruber
Babajis Anleitung zum Glücklichsein
Lerne Dich selbst kennen mit all Deinen Facetten
ISBN 978-3-936767-26-1

Jeder von uns erlebt Höhen und Tiefen in seinem Leben. So auch die Autorin, die in einer Krise den göttlichen Ruf vernahm und sich für die Botschaften von Babaji öffnete.
In großer Klarheit und Einfachheit erläutert Babaji zentrale Themen des Lebens wie Transformation, Disziplin, Zweifel, Meditation, Vertrauen, Gastfreundschaft, Gelassenheit, innere Sammlung, Geduld, Erlösung von alten Ängsten, Ordnung, Glauben, dunkle Energien, Klang - Farbe - Licht – Form, Fülle und viele mehr. Das Leben wird leicht und glücklich für den, der dem Ruf folgt.

Regine H. Wolke
Wundervoll
Wunder und Wundersames. Sri Balasai Baba
ISBN 978-3-936767-24-7

Wunder geschehen viel häufiger, als wir denken. Aber wir haben es in unserer Kultur verlernt, sie wahrzunehmen, und so laufen wir häufig an dem Reichtum des Lebens vorbei. In der Umgebung von heiligen Persönlichkeiten wie Sri Balasai Baba, der in Südindien lebt, wird das Wunderwirken Gottes deutlicher wahrnehmbar. Es zeigt sich in vielen Geschehnissen, die die beteiligten Menschen tief beeindrucken und bewegen.

Wir lernen verstehen, wie die göttliche Gnade wirkt und wie wir uns selbst dafür bereit machen können. Wunder sind Zeichen der Liebe, der bedingungslosen, universellen und einzigartigen Liebe Gottes.

Barry Brailsford und Cecilie Okada
Weisheit der Vier Winde
Buch + Kartenset
ISBN 978-936767-16-2

Die Weisheit der Vier Winde ist kraftvoll und leuchtend. Sie verbindet mystische Größe mit tiefem philosophischen Wissen. Weisheiten aus der spirituellen Tradition Neuseelands verbinden sich mit wunderschön gestalteten Bildkarten zu einem praktischen Arbeitsinstrument, mit dem wir das Innere befragen können.

Die Kartenmotive finden sich in der Natur Neuseelands. Barry Brailsford ermöglicht uns einen ungeahnten Zugang zu Tieren und Pflanzen, indem er uns erklärt, wie sie uns in unserer augenblicklichen Lebenssituation helfen und inspirieren können. Dieses Wissen entnimmt er der Verbindung zur geistigen Welt.

So erfahren wir durch die Karten und die dazugehörigen Texte die unendliche - sich stets erneuernde - Weisheit der Natur.

Kamasha-Vertriebspartner im europäischen Ausland

Österreich

Alimed GmbH
Copacabana 2
A–8401 Kalsdorf bei Graz
Tel.: +43(0)31-3556801
Fax.: +43(0)31-6483566
Mobil: +43(0)650-3449224

O. Edelmann (Verlagsauslieferung)
Friesenplatz 8-9
A-1100 Wien
Tel.: +43(0)1-7981091
Fax: +43(0)1-798634620

Schweiz

LEBEN+LICHTSTERN-VERLAG
Tittwiesenstrasse 27
CH-7000 Chur
Tel.: +41(0)81-2507387
Fax: +41(0)81-2507279
E-mail: info@lichtstern.ch
www.kamasha.ch

Schweizer Buchzentrum (Verlagsauslieferung)
Industriestr. Ost
CH-4614 Hägendorf
Tel.: +41(0)62-2092525
Fax: +41(0)62-2092627

Das große Buch der Engel

Das Grundlagenwerk zum Thema Engel

Die Engel begleiten uns seit Anbeginn der Zeit.

- Wo leben Engel?
- Was essen Engel?
- Leben Engel ewig?
- Wie entstehen Engel?
- Warum haben Engel Flügel?
- Wie können wir Menschen mit ihnen in Verbindung treten?
- Wie können wir ihre lichte Kraft in unserem Leben aktivieren?

»Das große Buch der Engel« gibt Antworten auf diese und viele weitere spannende Fragen und macht Sie mit mehr als 1700 Lichtgestalten vertraut!

Inkl. umfangreichem Engel-Lexikon.

Jeanne Ruland
Das große Buch der Engel
Namen, Geschichte(n) und Rituale

396 Seiten, Paperback
ISBN 978-3-89767-081-5 • € 18,50

Entdecken Sie auch:

Jeanne Ruland
illustriert von Iris Merlino
Die lichte Kraft der Engel

Set aus 56 Karten und Buch
ISBN 978-3-89767-071-6 • € 31,90

Erhältlich in jeder gut sortierten Buchhandlung oder bei:

Tel: 06151– 391 83 128
Fax: 06151– 391 83 129
vertrieb@schirner.com
www.schirner.com

Shan - Zentrum für innere Wege

**Einzelsitzungen, Coach, Seminare, Energetik
Ausbildung zum Medialen Heiler nach Natara**

Mauro Di Girolamo
Spiritueller Heiler, Medialer Heiler Trainer (Kamasha TAI), Schamane

Kontakt: 0911- 960 42 00 - geistigesheilen@t-online.de

Alabaster macht Energie fliessend!

ALABASTE
LICHT UND E
Energieste
Duftlam
Feng-S
Budd
Brun
Scha
Lam
Stat
Säu
Hei
Er

Fordern Sie unseren Katalog an: Alabaster Licht und Erde
Schalkhaußer Straße 46, 90453 Nürnberg - Tel. 0911/964 99 33
www.alabaster-world.com
Händleranfrage willkommen

Michaela Shaktila Shivananda

Heilpraktikerin, Mediale Heilerin
Lichtkörperprozess Trainerin

Lichtkörperprozess 1. bis 24. Chakra
„Weg zur göttlichen Vollkommenheit"

Einzelsitzungen und Seminare

spirituelle Heilpraktikerausbildung/Prüfungsvorbereitung

mediales Lernen im Alphazustand

spirituelle Beratung

Nürnberg

Info: Naturheilpraxis Lathana
Tel.: 0911 - 989 52 56
e-mail: shivananda @t-online.de
www.lathana.de